MÜNSTERSCHWARZACHER KLEINSCHRIFTEN

herausgegeben
von den Mönchen der Abtei Münsterschwarzach

Band 77

Gabriele Ziegler

Der Weg
zur Lebendigkeit

VIER-TÜRME-VERLAG MÜNSTERSCHWARZACH
1993

Gabriele Ziegler

Der Weg
zur Lebendigkeit

Nach dem ordo virtutum
der hl. Hildegard von Bingen

VIER-TÜRME-VERLAG MÜNSTERSCHWARZACH
1993

Die Deutsche Bibliothek – CIP- Einheitsaufnahme

Ziegler, Gabriele:
Der Weg zur Lebendigkeit : nach dem Ordo virtutum
der hl. Hildegard von Bingen / Gabriele Ziegler. –
Münsterschwarzach : Vier-Türme-Verl., 1993
   (Münsterschwarzacher Kleinschriften ; Bd. 77)
   ISBN 3-87868-473-8
NE: Hildegardis <Bingensis>: Ordo virtutum; GT

1. Auflage 1993
Gesamtherstellung: Vier-Türme-Verlag, D-97359 Münsterschwarzach Abtei
© by Vier-Türme-Verlag, Münsterschwarzach
ISSN 0171-6360
ISBN 3-87868-473-8

INHALT

Vorwort

Der Weg des Menschen zu Gott geht für die frühen Mönche immer über die Auseinandersetzung mit den Leidenschaften der Seele, mit den Bedürfnissen und Wünschen, den Gedanken und Gefühlen.

Evagrius Ponticus hat schon im 4. Jahrhundert diesen Weg über die 9 logismoi, 9 gefühlsbetonte Gedanken, 9 Leidenschaften, zur apatheia, zur Gesundheit der Seele, und durch sie zu Gott beschrieben. Hildegard steht in dieser monastischen Tradition, wenn sie in ihrem „Ordo virtutum – Spiel der Kräfte" den Weg der Seele beschreibt. Doch während Evagrius von den Leidenschaften ausgeht, mit denen sich der Mensch auseinandersetzen muß, beschreibt Hildegard die Tugenden, die dem Menschen helfen, die Versuchung durch den Teufel, den großen Verführer, zu überwinden und sich in Gott als geheilt und frei zu bergen. Hildegard nennt die Tugenden virtutes, Kräfte. In ihnen wirkt Gott selbst im Menschen und steht ihm bei, damit sein Lebensweg gelingt. Tugenden sind also nicht moralisch zu verstehen als Ideale, die der Mensch zu erfüllen hat, sondern als Kräfte, die ihm zur Verfügung stehen, als Möglichkeiten des Lebens, als Form, in die der Mensch hineinwachsen soll, damit er das Bild in sich ausformt, das Gott sich von ihm gemacht hat. Die Tugenden sind also Wegbegleiter, damit das Leben gelingt, damit der Mensch zu sich, zu seinem wahren Selbst findet. Die Frage: „Wie gelingt mein Leben, wie kann ich erfüllt leben?" beschäftigt den Menschen seit jeher. Hildegard gibt auf diese Frage eine Antwort, die trotz der oft fremden Sprache auch für uns heute noch hilfreich ist. Sie zeigt uns, daß Gott selbst uns zu Hilfe kommt und zwar mit seinen virtutes, mit 15 Tugenden, die uns hineinführen in das Geheimnis der Menschwerdung.

Dr. Bernward Konermann, der das Spiel der Kräfte neu bearbeitet und inszeniert hat, erkennt in diesem ersten wirklichen Schauspiel, 1500 Jahre nach Euripides, eine feine innere Ordnung. Alle Worte und Szenen kreisen um die Mitte, die in der Entscheidung und Umwandlung des Menschen liegt. In dieser zentralen Szene tauchen die 15 Tugenden auf. Die Mitte dieser 15 Tugenden ist die contemptus mundi. Um sie herum entsprechen und ergänzen sich symmetrisch jeweils zwei Tugenden. Das erkennt man schon an den gleichen Worten, mit denen Hildegard die korrespondierenden Tugenden vorstellt. Die Tugend in der Mitte, contemptus mundi, führt die Seele in die Entscheidung. Von ihr sagen die virtutes: „Beständig führst du den Kampf und die sichere Entscheidung Christi." (Konermann 83) Christus steht im Zentrum der Auseinandersetzung der menschlichen Seele. Hildegard heißt „Ort des Kampfes, Ort der Entscheidung". „In der Mitte des Ordo Virtutum im Herzen des Spiels der Kräfte, steht die schärfste Entscheidung, die die Welt überhaupt kennt, – steht Christus." (Konermann 84) so hat Hildegard in tiefsinniger Ordnung im Ordo Virtutum die Auseinandersetzung des Menschen um ein Gelingen des Lebens dargestellt. Zu seinem Wesen findet der Mensch nur, wenn er sich von den Tugenden begleitet für Christus entscheidet.

Nachdem das Wort „Tugend" lange Zeit einen negativen Beigeschmack hatte, begannen sich in den letzten Jahren Philosophen, Psychologen und Theologen wieder neu dafür zu interessieren. Sie spürten, daß der Mensch auch heute Orientierung braucht, daß er nicht immer nur um sich selbst kreisen möchte, sondern über sich hinaus wachsen möchte in jene Form, die ihm Gott zugedacht hat. Die Tugenden zeigen ihm seine Möglichkeiten auf. Und sie erweisen sich als Begleiter zum wahren Leben, als Hilfen, im Chaos der Gefühle und Leidenschaften einen gangbaren Weg zu finden, der uns in die Freiheit und zum Frieden führt. Vor allem aber erweisen sich die Tugenden als lebensnotwendig im Blick auf die Zukunft des Menschen. Die Menschen können auf der Erde nicht auf Dauer überleben, wenn sie sich nicht wieder zurückbesinnen auf die Kräfte, die menschliche Gemeinschaft ermöglichen und die die Bewahrung der Schöfpung garantieren.

Hildegard steht in der Tradition des hl. Benedikt, für den Leib und Seele die beiden Holme der Jakobsleiter bilden, die uns zu Gott führt. So beziehen sich die Kräfte im Ordo Virtutum sowohl auf den Leib als auch auf die Seele. Es ist eine sinnenfrohe Spiritualität, die Hildegard in einem Theaterstück darstellt, eine Spiritualität, die gerade über den Leib, über die Verwandlung der Triebe, zu Gott führt. Nicht an der Sexualität vorbei geht unser Weg zu Gott, sondern – wie es alle Mystiker immer wieder sagen – über die zum Eros verwandelte Sexualität. Mystik und Eros hängen für Hildegard untrennbar zusammen. Das zeigt für Konermann der Schlußsatz aus dem Epilog an, den er so übersetzt: „Also nun, ihr Menschen alle, biegt eure Knie und Kraft zu eurem Vater, sehnt euch ihm entgegen, daß er euch seine Hand entgegenstreckt." (Konermann 77) Im Beugen der Knie „kommt der menschliche Eros, seine Sehnsucht zum Ausdruck." Und Gott antwortet mit der Überfülle seiner Liebe „auf die Bewegung des Eros, auf die Sehnsucht des Menschen – wenn sie sich zum Vater wendet." (Ebd 77)

Anselm Grün OSB

1. ordo virtutum, „Spiel der Kräfte"

Das Spiel von den Tugendkräften steht ursprünglich in der Schlußvision der Buches Scivias. Diese Schrift entstand 1141–51, in einer Zeit, als Hildegard selbst durch viele Krisen ging. Unserer Betrachtung liegt die von Hildegard als eine Abfolge von Gesängen geschriebene, ausführlichere Fassung des ordo zugrunde. Ihr Text, entnommen der Edition dieser Gesänge, findet sich am Ende dieses Buches. Zur besseren Orientierung des Lesers wurden die Seiten der Textwiedergabe mit römischen Ziffern versehen, auf die in der Interpretation verwiesen wird. Außerdem erscheinen öfter Verweise auf die entsprechenden Stellen in scivias, die dem Leser eine intensivere Beschäftigung mit den angeführten Inhalten ermöglichen sollen.

Hildegard schaut den Weg der Menschheit von der Schöpfung bis zur Erneuerung von Himmel und Erde. Eingezeichnet in dieses Geschehen ist der Weg eines jeden einzelnen Menschen, einer jeden Seele. Der ordo virtutum beinhaltet eine darstellende Zusammenfassung der in scivias niedergeschriebenen Visionen.

1. Mit Leib und Seele

Im folgenden soll dieser Text betrachtet werden unter der Fragestellung: Wie kann ich zu einem wirklich lebendigen Leben finden, sodaß mein Körper und mein geistliches Leben miteinander unterwegs sind hin zu Gott, der mich erschaffen hat und nicht will, daß mein Körper mit seinen Empfindungen und mein Glaube gegeneinander stehen?

Mit dieser Frage wird ein wunder Punkt unserer Theologie und vor allem unserer Askese angesprochen.

Die Frage nach dem Umgang des Menschen mit seiner psychischen und körperhaften Verfaßtheit entscheidet sich an der Frage nach der Leidensfähigkeit oder Leidenschaftslosigkeit Gottes. Unter dem Einfluß griechischer Philosophie kam es im Christentum trotz der Abwehr von Irrlehren, die leugneten, daß Christus wirklich einen menschlichen Leib annahm, zu einem folgenschweren Mißverständnis: Gott wurde als der Leidenschaftslose angesehen und als Ziel der Glaubensanstrengung galt die Abgespaltenheit unseres Körpers von uns selbst. Der fromme Mensch sollte ein Mensch sein, der keinerlei emotionale Regungen mehr zeigte.[1]

Dabei stand gerade hinter den frühen Bekenntnissen der Alten Kirche das Bemühen, deutlich zu machen, daß Gott in Jesus Christus wirklich und nicht nur zum Schein Mensch wurde: Die „Wahrheit des Leibes...wurde genommen vom Leib".[2]

Hildegard selbst lebt in dieser frühkirchlichen Tradition, wenn sie betont, daß das Mitleiden Gottes, nicht seine Macht, den Menschen erlöst hat.[3]

Wie sieht Hildegard den Menschen?

Als Ebenbild Gottes trägt er Ehre und Herrlichkeit.

Durch die Menschwerdung Christi „leuchtet der erlöste Mensch in Gott und Gott im Menschen". Der Mensch ist das „himmlische Werk".[4]

Mit Leib und Seele soll der Mensch die Erlösung bezeugen und ein glückliches Leben führen. Doch steht er – wie auch die Kirche, zu der er in der Taufe gehört – im Konflikt von Gut und Böse, den er mit Gottes Unterstützung zum Guten hin entscheiden kann.[5]

Hildegard weiß, wie wichtig es ist, im Streben nach dem Guten die schöpferischen Kräfte in uns lebendig sein zu lassen und ihnen körperhaften Ausdruck zu geben. Sie läßt die Nonnen ihres Klosters mit goldenem Haarreif und festlichen Gewändern zu ihren Gesängen tanzen, um die Freude an Christus mit allen Sinnen zu feiern – was ihr nicht geringe Kritik einbrachte.[6] Sie schrieb sogenannte Symphoniae, Stücke, die mit musikalischer und sprachlicher Ausdruckskraft den Menschen in verschiedenen Lebenssituationen darstellen.

Doch hatte Hildegard Erfahrung mit sich und anderen genug, um zu wissen, durch welche Tiefen und Krisen der innere und äußere Weg führen kann, bis ein Mensch zu seiner Lebendigkeit, seinem erlösten Leben durchstößt.[7] Dabei lernte Hildegard selbst: Das Schlimme sind nicht die Krisen. Viel schlimmer ist, sich der Herausforderung zum Aufbruch, die in der Krise zum Vorschein kommt, zu verweigern.

2. Was ist eine „Tugend"?

An verschiedenen Stellen ihrer Niederschriften spricht Hildegard über die Tugenden. Sie sind „das Werk des in Gott wirkenden Menschen".
„Der Mensch wirkt nämlich mit ihnen und sie mit dem Menschen."
„Sie engen nicht ein".
Sie verleihen eine „heitere Gesinnung".[8]
Sie entsprechen der Schöpfung.
Sie sind Sinnbild für die fünf Sinne in der Liebe zum Himmlischen, der Zucht, der Ehrfurcht, der Barmherzigkeit, dem Sieg.[9]
Vor allem aber: Sie sind Hilfen auf dem Lebensweg des Menschen in dem inneren Konflikt um die Frage: Gibt es einen Gott oder nicht?[10]

Moderner könnte Hildegard nicht sein. Es geht also überhaupt nicht um ein verstaubtes Moralsystem, sondern um eine Auseinandersetzung mit den innersten Motiven unserer Lebensgestaltung und um ein Zurechtkommen in den vielen Versprechungen von Heil und Glück, die täglich auf uns einstürmen. Dabei ist zweierlei wichtig: Die Tugenden sind wohl Gnadengaben Gottes an jeden Menschen, sie müssen aber durch unser Mitwirken mit dem Heilswillen Gottes aktiviert werden, um sich in unserem Leben auch entfalten zu können. Sie stellen Orientierungspunkte für die Seele dar, im Durcheinander der Stimmen von innen und außen zu ihrem Leben zu finden. Gleichzeitig sind sie von Gott gewirkte Haltungen der Seele, die ihr in bestimmten inneren Notsituationen den Ausweg zeigen. Sie können Emotionalität und Willenskraft prägen. Hier liegt die Aktualität dieses Stückes: Unsere Gottesbeziehung, unser Glauben-Können sind oft genug von unseren Gefühlen und unserem Wollen beeinträchtigt. Wir empfinden eine Kluft zwischen unserem Glauben und unserem Menschsein mit Leib und Seele. Gefühle stören. Den Zustand unseres „Innen" und unseres „Außen", unserer Seele und unseres Körpers in ihren Impulsen und Reaktionen beschreiben wir in Krisenzeiten mit Worten wie: „Alles ist in Aufruhr, ich komme mit mir selber nicht zurecht." Es ist uns peinlich, aus dem Gleichgewicht zu geraten. Wir meinen, das dürfte nicht sein.

Hildegards Stück beginnt mit einem Prolog im Himmel. Patriarchen und Propheten als Vertreter des Alten Bundes staunen über die Tugendkräfte. Diese lenken den Blick auf die Menschwerdung Gottes, bevor sie sich der menschlichen Seele zuwenden und mit ihr über ihren Zustand sprechen.

II. Der krisenreiche Weg

Um Hildegards dramatisches Spiel zu verstehen, soll kurz ihr Menschenbild nachgezeichnet werden.

1. Das Grundstreben des Menschen

Nach Hildegard hat der Mensch „drei Wege" in sich: Leib, Seele und Sinne.[11] Mit ihnen steht er in der Welt und nimmt sich selbst wahr. Im Lebensvollzug kommt es zu einem gegenseitigen „Berühren" der drei Wahrnehmungsbereiche. Trotz unterschiedlicher Aufgaben sind sie ineinander verwoben und stehen im Austausch von inneren Beweggründen und äußerer Wahrnehmung.

Den Zusammenhang von psychischer Verfassung und äußerem Verhalten beschreibt Hildegard sehr bildhaft. Ein schlechtes Tun ist Gift für die Seele. Umgekehrt wirken Traurigkeit oder Haß und andere Affekte auf unser körperliches Wohlbefinden ein.

Die fünf Sinne (Sehen, Hören, Schmecken, Tasten, Riechen) lassen den Mensch „hellwach" für das Leben sein. Von den äußeren Wahrnehmungen wird das Empfindungsvermögen der Seele angerührt. Es weckt alle Kräfte der Seele „wie die Morgenröte das Tageslicht". Die Seele ist mit all ihren Kräften lebendig, wenn sie dem Doppelgebot der Schrift entsprechend willentlich Gott mit allen Kräften und den Nächsten wie sich selbst lieben kann. Dann entfaltet der Mensch seine Lebenskraft wie ein grünender Baum.

Im ordo virtutum kennzeichnet Hildegard die Seele als von Gott erschaffen (voluntate dei constituta) und als ein „glückseliges Instrument" (felix instrumentum) (I.II). Das bedeutet, sie hat als

Verheißung und Aufgabe, in ihren Emotionen und ihrem Willen die Lebenskraft in der Liebe zu entfalten. Doch steht sie gleichzeitig in der Gefahr, sich von ihrem Schöpfer zu entfremden.

Von dieser Seele heißt es zu Beginn des ordo virtutum: „Groß ist deine Liebe" (multum amas) (I). Damit ist Wesentliches über die innere Konstitution des Menschen ausgesagt.

Sein lebendiges Leben kann er finden, wenn er in Übereinstimmung mit den lebenspendenden Gaben des Schöpfers lebt. Die erste dieser Gaben ist die Einheit von physischem und geistigem Leben. Das Gute für sein Leben und das anderer kann der Mensch nur wollen, wenn er es auch gefühlsmäßig liebt. Deshalb ist ihm als Grundstreben die Liebe gegeben: Er trägt in sich eine Sehnsucht nach dem Liebenswerten – auch dann, wenn er verblendet oder irregeleitet das Böse tut.

Er trägt in sich ein Sehnen nach dem Guten und Schönen, er liebt es und möchte es besitzen, auch dann, wenn er verblendet vermeintlichem Glück nachrennt. Das Liebesstreben ist eine von Gott gewollte und gegebene, ein gutes Lebensgefühl vermittelnde Kraft, die letztlich auf die Gemeinschaft mit Gott selbst zielt, der alles ursprünglich gut schuf und das größte Gut des Menschen ist. Jedes menschliche Streben wird durchdrungen von diesem Lieben, von einer Spannung, einem Sich-Ausstrecken der Seele, die nur mit diesem Grundstreben lebendig sein kann.

Mit dem Satz: Groß ist deine Liebe, klingt Lk 7,47 (par. Mt 26,6–13; Mk 14,3–9; Joh 12,3–8) an: Jesus vergibt einer Frau ihre Schuld mit dem Hinweis auf ihre große Liebe. Er tut das nicht aus Herablassung, sondern mit einer ausdrücklichen Verheißung. Er läßt sich von dieser Frau etwas schenken, das ihm körperlich wohltut. Das bedeutet: Gerade in der Seele, in dem Menschen, der von der Umwelt moralisch abgeurteilt wird, ist dieses Streben nach Glück und die Fähigkeit, Liebenswertes zu tun, offensichtlich.

Schon diese Sichtweise steht gegen unsere moralischen Wertmaßstäbe. Sie geht aus von der einen Grundbestimmung des Menschen, die Liebe zu lieben, Gott zu lieben. Deswegen heißt es gleich zu Beginn des ordo: Du hast große Liebe.

Nun dürfen wir auch diese Liebe nicht moralisierend mißverstehen, etwa als sogenannte Nächstenliebe, die „ja nur das Beste" für den anderen will.

Die Frau im Evangelium, auf die Hildegard hier anspielt, versteckte sich nicht hinter frommen Motiven, sondern ließ ihrem Wunsch nach Nähe Raum.

In ihrer Gestalt sehen wir das Bild unserer Sehnsucht: Nach Gott und nach Menschen, die meine Nähe annehmen und denen ich etwas schenken darf. Die Sehnsucht auch nach Heilsein.

Der „Kuß des Herzens", nach dem sich die Seele sehnt (I), bedeutet die Offenheit, Gott und seine Gaben an mich „heranzulassen", dann aber auch die Fähigkeit, das Gute in mir, das Gott in mich gelegt hat, in meinen Emotionen und meinem Wollen selbst zu lieben. Ich kann Gott so nah an mich heranlassen, daß sogar meine Gefühle und mein Körper angesprochen werden.

Gerade in der Frau des Evangeliums, die von ihrer Umwelt verurteilt wurde, weiß Jesus das Sehnen nach dem Liebenswerten lebendig. Dabei steht „Frau" für jede Seele, jeden Menschen.

Wir merken oft nicht einmal mehr die Blockaden in uns, die verhindern, daß wir das Sehnen zulassen. Oder wir haben Angst davor, uns ihm zu öffnen und verschanzen uns hinter der Angst vor Enttäuschung, hinter schon erlittenen Verwundungen oder hinter einem Panzer, der alles Empfinden lähmt: Nichts kommt mehr an mich heran, nichts kann ich herauslassen.

Hildegard spricht von der Seele als Königstochter, auch wenn diese es gar nicht wahrhaben will oder kann.

Der erste Schritt zu einem lebendigen Leben besteht also darin, überhaupt lebendig und empfindungsfähig sein zu wollen.

Die dramatischen Vorgänge, die Hildegard im ordo virtutum anschließend schildert, zeigen das Suchen der Seele, die der Frau aus dem Evangelium gleicht, ihrer Liebesfähigkeit ein Ziel zu geben, ein Leben zu gewinnen, das sie wirklich lebendig sein läßt. Die Kräfte, die nun auftreten, sind die in Frauengestalten erscheinenden Gnadengaben Gottes. Die Seele selbst ruft die Gnadengaben zu Hilfe, da sie in einen Widerstreit ihres Wollens lebt und sich nach einem Leben ohne Minderung sehnt.

2. Die Verweigerung

Die Frage lautet also: Wie kann die Seele zu einer lebendigen Liebesbeziehung, zu dem „Kuß des Herzens" hindurchstoßen?

Der Seele, die in der Nähe Gottes leben möchte, wird gesagt, daß sie zusammen mit den Gnadenkräften auch kämpfen muß. Das heißt, es ist von ihrer Seite ein aktives Wollen und nicht nur ein Sehnen nötig.

Die Kräfte sagen: „Vereint mit dir müssen w i r kämpfen". (II)

Das heißt: Die heilenden Kräfte Gottes sind nicht fern vom Menschen. Sie sind schon da, freilich oft nur knospenhaft in ihm. Sie können verschüttet sein. Deswegen bedarf es der Verlebendigung durch unser Wollen. Die Tugenden sprechen:

W i r kämpfen. Nicht: Du mußt kämpfen. Dies gilt es sehr deutlich zu hören. Unsere Einstellung ist eher anders: Ich muß kämpfen gegen die Nöte meines Leibes und meiner Seele. Dieser Kampf beginnt beim Arzneimittelkonsum und endet beim Abtöten meiner Gefühle – gleichzeitig suche ich nach immer neuer und größerer Anerkennung durch andere und bin völlig verunsichert, wenn ich zu wenig beachtet werde.

Kämpfen will hier verstanden sein als: Sich aufnehmen zu lassen in die Kraftentfaltung Gottes in mir. ordo heißt übersetzt: „Spiel"! Aber auch: sinnvolles Ganzes. Beides ist eines im lebenweckenden Tun Gottes, der von der Schrift „Freund des Lebens" (Weish 11,20b–26; Spr 8,30f) genannt wird. Er spielt mit der Weisheit und ordnet durch sie alles, gibt durch sie die Tugenden.

Damit das Leben in mir werden kann, ist mein Wollen nötig. Die Bereitschaft, die Liebe an mich heranzulassen und mich ihr zu überlassen, wird Verhärtungen lösen.

„Sünde", die Absonderung von dieser Liebe, ist von Gott schon überwunden. Er wurde Mensch. Der Mensch wird jetzt auch gefragt: „Weshalb bist du so schwach, so ohne Bereitschaft?"(II) Dies ist kein Vorwurf, sondern eine aufrüttelnde Frage. Es kann uns helfen, in Zeiten der Antriebslosigkeit uns selbst so zu fragen. Will ich denn die Begegnung mit etwas Neuem? Wonach sehne ich mich eigentlich?

„In uns sollst du siegen" sagen die Tugenden: Das Gute will stärker sein als die Verwirrung über mich selbst, als die Zweifel.

Gegen das Absinken in die Haltlosigkeit erklingt der Aufruf: „Sei stabil!"(II) „Ergreife die Zusage Gottes!"

„Das, was Gott in der Natur, die aus der Jungfrau stammt, zertreten hat", deutet auf die Erlösung durch Christus. Er wurde als Mensch geboren. Er hat dem Menschen gezeigt, welche Würde ihm geschenkt ist. Die Tugenden rufen die Seele auf, in Christus ihren Halt zu finden.

Hier nun beginnt die Verweigerung. Die Seele sieht genau, was zu tun ist, aber sie will nicht. Sie will nicht sehen, was ihr geschenkt ist.

Stattdessen beginnt sie zu jammern über die Schwierigkeiten, die sich ihr in den Weg stellen. Sie möchte möglichst ohne darum kämpfen zu müssen, ohne sich den Widersprüchen von außen und in ihr selbst zu stellen, in ihrer Glückssehnsucht befriedigt werden. Dies ist ein Verhalten der Unreife: Probleme schnell gelöst zu bekommen, Haben- und Besitzen-Wollen, von mir selber in Ruhe gelassen werden, über Gefühle von oben herab herrschen, Gott und den Glauben sicher besitzen. Was bedeutet „gegen das Fleisch zu kämpfen", wovon hier die Rede ist?(II) Nicht einen Krieg gegen den Körper zu führen, sondern auf Distanz zu gehen zu den Tendenzen, die den Menschen in die Selbstsucht hineinziehen und ihn damit zerstören (Röm 8,1–17). Die zerstörende Kraft reißt den Menschen aus seiner Ganzheit. Die Gier des Haben-Wollens verselbständigt sich und entfremdet den Menschen von sich, von seinen Mitmenschen und von Gott. Auch im frommen Bereich, im Rennen nach immer besonderen Glaubenserlebnissen, nach spektakulären Ereignissen, kann sich dieses Streben einnisten.

Die Seele will fliehen. Sie sagt: „Ich kann nicht, es hat alles keinen Sinn."(II)

Dies ist der typische Verlauf einer Verweigerung des Lebens, der Weigerung, in unserem inneren Menschen, unserer Gottesbeziehung und Emotionalität erwachsen zu werden.

Jammern und Fliehen führt zur „oppressio omnium rerum", wie Hildegard es nennt, zur ständigen Niedergeschlagenheit. Dabei ist Ursache gerade das deutliche Verspüren, zur Gemeinschaft mit Gott erschaffen zu sein. Der Mensch flieht in einen „Rausch", der ihn weit weg bringt von sich und Gott.

Es befällt uns die Angst vor dem, was Gott in uns gelegt hat und damit die Angst vor der Verantwortung dafür. Folge der Flucht sind Unruhe und Einsamkeit, ein ständiges und schmerzendes „Fremdling-Sein", wie Hildegard sagt.[12] In diese Angst nisten sich dann immer mehr Zweifel ein. Der Mensch lebt in einem ständigen Zwiespalt.

Die Seele ist zu ängstlich (zu feige?), mit Gottes Kraft zu stehen. Ihr wird zwar zugerufen: „Sei stabil!", was aber nicht bedeutet, daß sie unerschütterlich stehen soll oder könnte. Vielmehr soll sie als eine „Tochter des Erlösungsgeschehens" in den Gnadenkräften Stand haben.

Dem jedoch verweigert sie sich. Sie lamentiert: „Wohin soll ich fliehen vor den Widerständen?" (II) „Was soll ich tun?" Dabei ist es ihr längst bekannt, was sie tun soll. Doch sagt sie: Ich kann nicht. Dies ist natürlich richtig. Durch den Widerstreit ihres Wollens in sich ist sie gelähmt. Der Irrtum besteht darin, können zu wollen aus eigener Macht. Sie nimmt eine Trotzhaltung ein: Sie will alle vermeintlichen Fesseln, die Gott ihr anlegte, abwerfen und endlich frei sein. Dabei sind die Fesseln, gegen die sie jetzt rebelliert, ihr eigenes Werk. Sie stellt völlig übertriebene Forderungen an ihre Stärke und ihr Können. Infolge dessen kommt es nun zum Bruch mit der bisherigen Gottesbeziehung. Zwar meint sie, Gott damit zu strafen, doch sieht sie gar nicht, daß der Gott, gegen den sie aufsteht, ihr eigener Götze ist, den sie selbst geschaffen hat.

Ihr Nicht-Erwachsen-Sein-Wollen zeigt sich dabei vor allem in dem trotzigen Vorsatz, entweder vollkommen zu sein oder sich gar nicht erst auf den Weg mit den Gnadenkräften Gottes zu begeben. Damit unterliegt sie einen doppelten Mißverständnis. Zum einen: Sie muß nicht aufgrund eines selbsterrungenen Sieges vollkommen sein. Zum andern: Vollkommenheit bedeutet nicht unerschütterliche und heroische Ich-Stärke. Dies würde in eine Verarmung der Empfindungs-, Beziehungs- und Liebesfähigkeit führen.

Die Seele will in diesem Stadium nicht sehen, daß zu ihrer Lebendigkeit auch die Schmerzen eines Reifungsprozesses gehören. Sie meint, die Schmerzen vermeiden zu können, indem sie die Beziehung zu ihrem Schöpfer aufkündigt. Ihr eigener Einsatz ist gefordert, aber gerade dagegen sträubt sie sich. Andererseits klagt sie darüber, zu kurz gekommen zu sein und will endlich versäumten Genuß nachholen. Sie verbirgt ihr Angesicht vor Gott (vgl. Gen 3,8), schämt sich dessen, was in ihr vorgeht, ihrer Sehnsucht und natürlich ihrer Abwendung von Gott. Sie unterstellt dabei, daß Gott ihr Streben nach Glück als solches argwöhnisch beobachtet und vergißt, daß der Schöpfer dieses Sehnen in sie gelegt hat. Die Wahrnehmung ihres inneren Durcheinanders führt sie dazu, sich zwar selbst dafür zu verurteilen, aber gleichzeitig Gott die Schuld an ihrem Zustand zuzuschieben. Die Absicht, zu verstecken, was sich in ihr regt an Sehnen und Wut, verstärkt erst recht die Aggression.

Aufkommendes Ungleichgewicht des Wollens und Empfindens kann Anzeichen dafür sein, daß in der Seele etwas lebendiger werden will, daß die Gottesbeziehung der Vertiefung bedarf, die Selbstkenntnis noch Bereiche ausgeklammert hat. Die Lebendigkeit des inneren Menschen bricht durch, wenn seine Emotionen (Wut, Haß, Liebe, Freude) mit aller Wucht erlebbar werden. Dadurch erfährt er, wer er ist, wer der andere ist, was die Welt ist. Er steht dann nicht außerhalb seines Leibes (distanziert: ich habe einen Leib und eine Seele), sondern in ihm (integriert: ich bin Leib und Seele). Er steht dann in der Welt und bei den Menschen. Die Weigerung, dies anzuerkennen, führt zu einem Verlust an Selbsterkenntnis. Die Seele in der Verweigerung will nicht mit diesen Wirklichkeiten umgehen lernen, will nicht „stabil" werden, will ihr Sich-Austrecken nicht aktivieren. Sie behauptet ihre angebliche Selbstbestimmung und flieht vor ihrer Verantwortung, sobald diese ihr zugetraut und zugemutet wird. Dabei kommt in ihr ein Zwang auf, sich vor Gott und vor sich selbst zu rechtfertigen: „Ich tue Gott kein Unrecht. Er hat die Welt erschaffen, ich will sie genießen." (II) Mit aller Deutlichkeit wird nun das „ich will" vernehmbar in seiner Entscheidung. Das frühere „ich weiß nicht" war doch eher versteckte Aggressivität.

Auf dem Höhepunkt der Verweigerung kommt es zur völligen Verdrehung der Wahrheit. Gott erscheint als der Fordernde, dem ich nie Genüge leisten kann, seinen angeblichen Drohungen will ich jetzt entfliehen – ich zerstöre die Gottesbeziehung.

Natürlich zeigt sich jetzt auch, daß die bisherige Liebe zu Gott eben noch keine war. Sie war lediglich übernommen, aber nicht mit der eigenen Existenz verbunden.

Das Elend, in dem sich der Mensch nun befindet, kann zum Aufbruch in ein neues Leben führen. Die Verweigerung ist ja auch ein Schrei nach Angenommensein, nach Erfahrung von Liebe und, trotz der Angst davor, nach Nähe.

Die Angst kommt aus dem Minderwertigkeitsempfinden, aus dem Rückzug vor einem Öffnen der Wunden und Verletzungen, aus der Erwartung, doch wieder abgelehnt zu werden, wenn sichtbar wird, wie ich wirklich bin.

Aber: Noch versteckt sich die Seele. Sie läßt niemanden an den wundesten Punkt, ihre Sehnsucht nach Leben, heran.

Hildegard erinnert ihre Hörer und Zuschauer an die Flucht vor Gott, wie sie die Heilige Schrift von Adam und Eva schildert: Sie verbergen ihr Nacktsein vor Gott, als sie seine Nähe nicht mehr ertragen. Als eine Gemeinheit Gottes erscheint es ihnen, daß sie auf ihn angewiesen sind. Es fällt uns so schwer, uns von Gott Gutes geben zu lassen. Deshalb heißt es jetzt auch: „Du liebst Gott nicht." (II) Der Mensch aber behauptet: Ich tue Gott doch kein Unrecht! Er versteht gar nicht, daß er sich selbst schadet und die Tugendkräfte ihn deswegen zurückrufen wollen.

Seine Anklage klingt bitter – und verwundet.

Denn: Nicht zu lieben, bringt der Seele selbst Schmerzen. Sie „tut Gott weh", wenn sie in sich die Liebe umbringt.

An die Stelle der Liebessehnsucht tritt nun die Gier. Sie ist die Perversion der Sehnsucht, kranke Sehnsucht. Sie kann sich nicht nur im Essen oder in der Sexualität einnisten – auch mein frommes Gehabe, mein Rennen nach immer neuen religiösen Erlebnissen und meine Kritiksucht können Anzeichen dafür sein.

Ich versuche, die Sehnsucht zu ersticken durch Gier nach Macht über mich, über andere und über Gott.

Dieses Ausgeliefertsein an die Unfreiheit nennt die Heilige Schrift und mit ihr Hildegard „Unzucht", „Götzendienst". Auch hier wieder gilt es zu beachten: Es geht nicht um Moral.

„Götzendienst" ist die Mitarbeit an meiner Zerstörung. Ich setze an die Stelle der Liebe zu Gott, zu meinem Nächsten und zu mir selbst einen der

„Nichtse", die nur übertünchte menschliche Wunschvorstellungen sind und das Liebesstreben beschädigen. Ich tue so, als ob ich sie verehre. In Wirlichkeit aber will ich einen Untertan haben, über den ich herrschen kann, da er ja meinen irregeleiteten Vorstellungen entspricht.[13]

3. Die Lüge

Mitten in diese Zerrissenheit hinein kommt eine Stimme, welche die Seele in ihrer doch noch etwas unsicheren Tendenz zur Selbstbestimmung bestärkt. Lautes Gebrüll überfällt die Seele. „Was nützt es dir, zu leiden?"(II) „Was hast du von deinem Wachsein, deiner Sensibilität für dich, für Gott, für die Menschen in dieser Welt? Stürze dich endlich in das Ausleben deiner Lust. Dann wirst du Ruhe haben." Verlockend die Versprechung, nun alles zu bekommen. Wer aber so laut schreit, hat etwas zu verbergen, auch wenn die Stimme, das Liebesstreben der Seele mißbrauchend und sie wegziehend von sich und der guten Schöpfung, schmeichelt: „ICH werde dir ALLES geben." (III)

Als Untermauerung dient die alte, Zweifel erweckende Frage: „Wer ist schon dieser Gott? Gott existiert nicht."[14] (III)

Wer alles besitzen will, wird zuletzt doch nichts haben. Die Illusion des Alles, der schnellen und schmerzlosen Satisfaktion wird unterbaut mit einem geschickten Vorwurf an die Seele selbst: „Du weißt doch gar nicht, wer du bist." – „Gottes Liebe und dein bisheriges Leben haben nichts zu bieten. Deine Selbstverwirklichung hast du versäumt. Aber ich, ich weiß, wer du bist." (III.IV)

Was hier versprochen wird, nennt Hildegard Lascivität, sich hineinfallen lassen in die Gier der

Seele.[15] Sie verliert das Maß und will sowohl von Menschen wie von Gott sofort alles haben.

Diese laute Stimme antwortet auch auf die Sehnsucht, gekannt zu sein und sich selbst verstehen zu können. Sie verspricht Abhilfe aus dem Leiden an eigenen Widersprüchen und ungeklärten Fragen. Doch: Die Seele muß gar nicht bis ins letzte wissen, wer sie ist. Wie könnte sie auch die ganze Tiefe ihrer Emotionalität, der Gedanken und körperlichen Vorgänge überblicken oder in den Griff bekommen? Indem sie dem Trugschluß verfällt, sie würde alle ihre Triebe und die Welt um sie herum nun genießen und beherrschen, verfällt sie gerade der Triebhaftigkeit in ihrer Wurzel: Dem Macht-Haben-Wollen.

„Ihr wißt nicht einmal, wer ihr seid – Ihr wißt nicht, was ihr verehrt"(III.IV) lautet der Vorwurf auch an die Tugendkräfte.

Darin liegt die Versuchung zur Egozentrik, die Versuchung auch zum Wissen, die das Geheimnis der heilenden Gegenwart von Gottes Kräften in mir zerstört, um „mehr" zu haben.

Die Gestalt des Teufels steht hier als Personifikation der Verführung zur Macht.

Die Illusion des Alles und der sofortigen Triebbefriedigung hindert mich, erwachsen zu werden. Mein Glaube und mein Umgang mit mir selbst bleiben auf einer infantilen Stufe stehen. Deshalb kann ich auch gar nicht die Erfüllung meiner Sehnsucht finden. Da ich nur um mich selbst kreise, kann ich kein Gegenüber für einen anderen Menschen werden. Je mehr ich meine Triebe beherrschen will, werden sie mich beherrschen. Letztlich werde ich in meiner Gier an Unbefriedigtsein zugrundegehen.

Dabei kann ich nach außen ganz anders wirken. Ich kann immer lächeln. Ich kann von einem Seelsorger zum nächsten Psychotherapeuten rennen, mich auch um alles sogenannte geheime Wissen bemühen.

Ich kann einen Kult mit meinen Körper treiben – in Askese ebenso wie in Diät, Kosmetik und Kleidung. Mit all diesen Mitteln versuche ich, etwas mehr zu haben.

Ich kann mich entrüsten über moralische Verfehlungen anderer. In der Begegnung mit den Menschen werde ich immer unzufrieden bleiben: Mein Partner erfüllt meine Erwartungen nicht, während ich mich doch aufopfere.

Mein Vorgesetzter sieht nicht, wie ich mich einsetze.

Mein(e) Obere(r) sollte doch merken, daß es mir schlecht geht, wie demütig ich für meine Gemeinschaft leide.

Geschieht das nicht, bin ich noch stolz auf mein Leiden – gleichzeitig bricht aber meine Wut hinter der Fassade hervor. Mein Auftreten wird etwas ganz anderes vermitteln, als meine Worte vorgaukeln möchten.

Der tiefste Grund für das alles ist meine Unwahrhaftigkeit.

Ich schäme mich vor Gott und vor mir, daß ich nicht vollkommen bin.

Ich schäme mich, daß die Gier in mir aufbricht.

Ich versuche zu verstecken, was ich doch offen sagen darf. Denn alles, was ich in mir wahrnehme, ist ein Zeichen der Sehnsucht nach Lebendigkeit.

Ich sage zu mir selbst: „Du darfst nicht" – vielleicht, weil meine Eltern das sagten oder andere – und übertrage dieses Verbot auf Gott. Irgendwann kommt dann der Zeitpunkt, an dem ich diese Last nicht mehr tragen kann.

Wie läßt sich ein Ausweg finden?

4. Heilende Kräfte

Verwirrende wie heilsame Kräfte sind im Menschen gleichzeitig gegenwärtig. Bewußt oder unbewußt befindet er sich in ständigem Dialog mit ihnen. Hildegard läßt in ihrem Spiel die heilenden und die verwirrenden Kräfte auftreten, die zur Seele sprechen. Der bewußte und unbewußte Dialog mit den Gedanken und Vorstellungen, die in mir gegenwärtig sind, bestimmt mein Gefühl für mich und für die mich umgebende Welt. In dem Maß, wie ich verstehe, auf diesen inneren Dialog zu achten, werde ich mich selber besser kennenlernen. Es kann hilfreich sein zu fragen: Welche Stimmen sind jetzt in mir? Wo führt es hin, wenn ich mich auf sie einlasse? Dienen sie meinem Heilsein oder einem Durcheinander meiner Lebensumstände?

Was sage ich mir tagsüber?

Was sage ich in einem Gespräch mit lauten Worten und was sage ich innerlich wirklich?

Was sagen meine Träume?

Um die Stimmen wahrzunehmen, ist der Mut gefordert, sich den Ablenkungen zu entziehen.

Wahrnehmen und zulassen sind also der nächste Schritt. Nur so kann ich dann auch die heilenden Kräfte einlassen, die sich in Hildegards ordo nun vorstellen.

humilitas

Die Erdhaftigkeit, die Demut, das Sich-Zur-Erde-Bücken. Treue zur Erde. Annehmen, daß ich Geschöpf bin und zur Erde gehöre, daß Leib und Seele lebendig sein wollen.

In der mittelalterlichen Tugendlehre ist sie die Führerin der Tugenden. Durch sie können alle anderen heilenden Kräfte in uns Raum gewinnen.

Zum Wortstamm gehören auch: homo, humus: Mensch, Erde

humilitas, üblicherweise mit „Demut" übersetzt, hat nichts zu tun mit Unterwürfigkeit, die meine Persönlichkeit auslöscht.

Hildegard nennt sie „sanft" und „Arznei".

Die Erdhaftigkeit hilft, innere Verwirrung zu überwinden und zu einer Klarheit zu gelangen.[16] Wie geschieht das?

Erstes Anzeichen der Treue zum Erdhaften ist der Wunsch, mit Leib und Seele lebendig sein zu wollen, also nicht zu trennen zwischen geistiger Seele und irdischem Leib. Hildegards Sicht des Menschen geht tiefer. Empfindungen, die aus der Seele herausmöchten, schaffen sich körperhaften Ausdruck.

Zu diesem Lebendig-Sein-Wollen gehört das aufrichtige Zulassen gefühlsmäßigen Bewegtseins. Es ist Bote meiner Lebendigkeit. Weinen und Seufzen nehmen bei Hildegard und in der gesamten Tradition geistlichen Lebens einen besonderen Platz ein.[17] Sie bewirken eine affektive Reinigung, ein Zu-Mir-Selbst-Kommen im augenblicklich verwirrten Zustand.

Dann das Lachen: Manchmal ist es richtig und befreiend, etwas – auch sich selbst – nicht zu ernst zu nehmen. Gegen Ende des ordo werden die Tugendkräfte die zerstörende Kraft einfach auslachen und sie damit in ihre Schranken weisen.

Entscheidend wichtig für den Weg zur Lebendigkeit ist die Empfindungsfähigkeit für meine Körperfunktionen, Glieder und Organe. Auch sie sind Boten meines Lebens aus Gott.

Wie ist meine Einstellung zu körperlicher Arbeit? Habe ich Ekel vor jedem bißchen Dreck und muß alles gleich wegputzen, damit mich nichts an „Erde" erinnert? Verweigere ich gleichzeitig einem anderen Menschen Zärtlichkeit oder verbiete sie mir selbst?

Kann ich die Abläufe von Nahrungsaufnahme

und Ausscheiden annehmen? Kann ich mich im wörtlichen Sinn selber „nicht riechen"?

Manchmal ist es nötig, überhaupt erst ein Gefühl für nie wahrgenommene Funktionen meines Leibes oder für ein Organ zu bekommen, die sich zwar durch Schmerzen oder Versagen bemerkbar machen, aber die ich nie als zu mir gehörig angesehen habe und deswegen auch möglichst schnell mit Medizin oder anderer „Tünche" zudecke.

Ein so einfacher Satz wie: „Ja, ich habe eine Galle/ ein..." kann einen Zugang öffnen.

Gehe ich liebevoll mit meiner Sexualität um? Dies gilt sowohl für zölibatär Lebende wie in der körperlichen Beziehung zu einem Partner. Weder ist Zölibat gleichbedeutend mit „Abtötung" meiner Sexualität noch eine gelebte sexuelle Beziehung der Garant für wirklich angenommene Sexualität. Dazu wird bei dem Auftreten der castitas noch mehr zu sagen sein.

Die Demut als Treue zur Erdhaftigkeit ist nach Hildegard eine „Mittlerin" zur innigen Gemeinschaft mit Gott – und damit zur Einheit mit mir selbst. (III)

Der Schritt auf sie zu setzt gerade deswegen die anderen heilenden Kräfte frei, weil sie bereit macht, das Unheile, Verwundete und Verwirrende in mir wahrzunehmen.

Treue zur Geschöpflichkeit eröffnet in mir die Freiheit, das Versprechen sofortiger Triebbefriedigung als Lüge zu entlarven. Die ausdauernde Geduld und Beharrlichkeit (perseverantia) (IV) hilft im inneren Widerstreit abzuwarten, bis sich etwas beruhigt und klärt.

caritas

Die Liebe. Sie entspricht als Grundhaltung dem oben genannten Grundstreben der Liebesfähigkeit des Menschen und bedeutet Hin-

wendung zu Gott und seinen Geschöpfen.(III)
Sie ist die Umsetzung der Liebessehnsucht in eine
Haltung der Liebe und in ihr entsprechende Ta-
ten. Nach der Tradition der Kirchenväter, in der
Hildegard steht, umfaßt sie Gottes- und Nächsten-
liebe.[18]

Doch flüchten wir oft zu schnell in das Tun,
gerade in sogenannten helfenden Berufen oder
weil wir als Sozialarbeiter, Ordensfrau oder Prie-
ster eben von Berufs wegen nett und verstehend
sein müssen. Obwohl wir uns abmühen, sind wir
eines Tages dann mit den Kräften am Ende.

Zuerst darf meine Liebesfähigkeit ihr Sich-Hin-
dehnen zu den anderen Menschen von der Liebe
Gottes und der Menschen zu mir als Geschenk
erhalten.

In einem ihrer Lieder[19] besingt Hildegard die
caritas als „überströmend auf alle Geschöpfe".
Schon in der Schöpfung hat Gott sie über das All
als seine Gabe verströmt. Die Liebe aufzunehmen, wenn sie mir von Menschen entgegenge-
bracht wird, ist „demütiger" als selbst immerzu
geben zu wollen. Wir flüchten in das Tun und
entwickeln mit stetem Lächeln auf den Lippen ein
„Helfersyndrom", das irgendwann den Menschen
in unserer Umgebung auf die Nerven geht. Können wir es aufgeben, die Liebe zuzustopfen mit
überflüssigen Worten und verlegenem Tun, das
doch nur zeigt, daß wir unsere Hilflosigkeit gegenüber der Not eines anderen oder unseren Schrei
nach Liebe zudecken wollen?

Die Liebesfähigkeit leuchtet dann am hellsten,
wenn ich um meine Hilflosigkeit und Sehnsucht
weiß.

Ich kann mithelfen, daß sich diese Gabe in mir
entfaltet, indem ich das Liebenswerte liebe – in
mir und in anderen.

In ihrem Buch scivias läßt Hildegard die Liebe

sprechen: „Ich bin sehr zart und fein und mache die noch so kleinen Spalten derer, die mich verehren, ausfindig und schlüpfe ganz genau hindurch."[20] In der Sensibilität für das Liebenswerte finde ich Spalten, durch die ich hindurchschlüpfen kann: Die Pflege eines kleinen Anfangs, die Freude über etwas Gutes, einen Gedanken, der ganz neu und un-gewohnt ist.

Oft sind wir starr und warten auf ein Zeichen von Gott oder von Menschen: Es müßte doch endlich „etwas" passieren... Dann kann es richtig sein, etwas Heilsames oder Schönes oder ein Zeichen der Liebe selbst zu tun anstatt zu warten. Die Verlorenheit und Rückkrümmung auf mich selbst wird dann durchbrochen, die Lebendigkeit aktiviert. Manchmal geht der Weg unseres Lebens von außen nach innen. Die Kraft, die wir in der Egozentrik, der Rückkrümmung auf uns selbst vergeuden, hindert unsere Lebendigkeit.

Ich brauche die Gnadengabe der caritas nicht in mir zurückzuhalten, sondern kann sie weiterschenken.

timor dei

„Gottesfurcht" (IV) – mit diesem Wort sind viele Ängste verbunden, da wir das Bild eines strafenden und rächenden Gottes in uns tragen.

Gott will nicht zerstören. Hildegard kennzeichnet timor dei – Ehrerbietung gegenüber Gott – als ein „Aufschauen zu dem lebendigen Gott". Das hat nichts zu tun mit Zittern vor dem nächsten unberechenbaren Schlag, mit dem ein strenger Richter uns treffen will.

timor dei heißt, Gott seine Würde als Gott zuerkennen: Aufschauen zum Leben, damit nicht der Tod mächtig wird. Den lebendigen Gott anschauen, sich von ihm den Blick für sich selbst und die Menschen geben lassen. Abwendung vom

Anstarren des Bösen. Sich seiner Faszination entziehen. Hildegard beschreibt in einem Lied, wie der Mensch mit dem Zerstörenden „Aug in Auge" verkehren kann.[21] Dann leiden alle Seelenkräfte und liegen lahm.

In der Haltung der Ehrerbietung gegen Gott kann ich das Zerstörende oder auch Aufreizende, dem ich täglich begegne, wahrnehmen, ohne eine Sensation daraus zu machen; denn damit würde ich ihm erst Macht über mich geben. Auch Unterdrückung des Häßlichen im Nicht-Wahrhaben-Wollen entfacht gerade dessen zerstörerische Kraft.

Ein so einfacher Satz wie: „Gott, sieh du dir das an", den ich in meinem Herzen spreche, kann mich entlasten und Raum zur Veränderung einer Situation schaffen.

Darin kommt es auch zur Befreiung von Ekel und Haß. Mein Haß auf andere kann nur die Übertragung eines Selbsthasses wegen meines Versagens oder einer Beschädigung meines Sehnens sein.

Hildegards Umgang mit dem Bösen wird im weiteren Verlauf des ordo noch zur Sprache kommen. Der Mensch muß aus Angst vor Bösem nicht die Augen schließen vor allem Schönen in der Welt, etwa weil er sich daran verlieren könnte. Nach Hildegard prüft die Ehrfurcht vor Gott vielmehr die Absichten, die mit einem Tun verbunden sind.[22] Von daher fällt sie ihr Urteil, ob ein Verhalten vor Gott richtig ist.

Erdhaftigkeit, Liebe und Ehrerbietung gegenüber Gott holen den Memschen weg von einem Größenwahn, mit dem er sich selbst vernichten würde.

5. Kräfte gegen die Angst

Hier steht nun der Spott auf und wirft der Seele Feigheit vor.

Die Haltung der Treue zur Erde, der Liebe und Ehrerbietung gegenüber Gott führt uns in eine immer größere Hilflosigkeit, nicht in eine Machtposition. Deshalb meldet sich folgerichtig auch die Gier nach Macht und will das Mißtrauen wecken.

Wenn ich mich auf den Weg der ersten drei Tugenden wage, wird das alte und gewohnte Bild, das ich mir bis jetzt von Gott und von mir gemacht habe, zerbrechen. Das ist schmerzlich und kann in den Zustand einer Empfindung von Haltlosigkeit führen. Ich möchte dann lieber zurück in die alten Sicherheiten. Der Boden unter meinen Füßen wankt und ich meine, es wird doch nur schlimmer mit mir anstatt besser. Ich möchte doch stark sein und nun werde ich immer zerbrechlicher. Ich fürchte meinen Zusammenbruch und frage: „Habe ich mich nicht getäuscht? War nicht der Weg der Tugenden ein Selbstbetrug, eine Einbildung?"

„Wer ist denn schon diese so große Ehrerbietung und Liebe?" fragt auch die zerstörende Kraft. „Ihr wißt ja nicht, wen ihr in Gott verehrt." – „Woher wollt ihr denn wissen, daß Gott nicht nur ein Hirngespinst ist?" (IV)

Was sich so aufspielt, bläht sich nur auf, weil es ausgehöhlt ist und keine Ansprüche mehr auf mich hat. Die Kräfte Gottes entlarven den, der so brüllt, als aufgeblasenen Angeber, der kein anderes Druckmittel besitzt als Mißtrauen zu verbreiten und mit angeblichem Wissen zu locken.

Hilfe in dieser Situation ist

oboedientia

Gehorsam gegenüber Gott und seinem Heils-willen. (IV)

Gehorsam bedeutet in diesem Zustand meiner Seele: Ich mache mich nicht selbst zum Richter über meine seelische Verfassung oder meine geist-liche Vollkommenheit. Unser anerzogener Maß-stab ist das Ideal eines glänzenden, krisenfreien und leistungsstarken Fortschritts. Mit diesem Vorsatz ist ein Zusammenbruch geradezu vor-programmiert.

Anders die Haltung der oboedientia: Ich lasse in mir toben, was tobt und starre nicht darauf. Ich lasse die Dürre sein – im doppelten Sinn von zulassen und vergehen lassen. Ich lasse die Angst sein.

Durch diese Haltung wird dem, was sich aufbläht, der Nährboden entzogen.

Gehorsam bedeutet, den Blick weiter auf den lebendigen Gott zu richten, auch dann, wenn ich keine besonderen religiösen Erfahrungen mache, wenn ich spüre, daß kein Mensch meine Sehn-sucht stillen kann. Zu dieser Haltung kann gehö-ren, daß ich dem Rat meines geistlichen Begleiters folge und nicht bei anderen nach anscheinend besserem Verständnis suche.

Hildegard spricht davon, daß der Gehorsam zum „Kuß des Königs" führt, zur innersten Begeg-nung mit Gott. An anderer Stelle nennt sie ihn „Kuß des Friedens", den die caritas dem höchsten König gibt.[23]

In der oben beschriebenen Liebe zu bleiben und nicht davonzulaufen, bringt uns den Frieden.

Falsch wäre es, auf den einen besonderen Augen-blick zu warten, an dem ich nun endlich und endgültig den Frieden habe. Realistischer ist das Wissen, daß alles gleichzeitig in uns sein kann: Kampf und Zweifel und doch – ganz leise – ein

Wissen um die Nähe Gottes. Auf diese leise Stimme können wir unsere Aufmerksamkeit lenken. Das laute Getöse aller möglichen Stimmen braucht uns nicht zu beeindrucken. Doch genau davor schrecken wir zurück. Wir fürchten unsere Ohnmacht in der Begegnung mit Gott. Stattdessen ballen wir erst einmal die Fäuste und halten uns dann fest an Vorwürfen und Zweifeln.

Hildegard weiß, daß es eines „Hindurchgelangens" bedarf, bis der Mensch zur oboedientia bereit ist. Er muß bereit sein, entgegen dem lauten Brüllen einer trügerischen Stimme sich einzulassen auf ein sehr leises Rufen Gottes, muß die Angst hinter sich lassen, etwas geraubt zu bekommen. Hildegard nennt die Gestalt des Gehorsams „Ruferin", der es zu folgen gilt. Sie holt den Menschen weg von der Einsamkeit seiner Eigenmächtigkeit.

fides

Der Glaube, das Vertrauen. (IV)

Hildegard charakerisiert diese Gestalt als die Kraft, die „klar schaut" (serena speculata), den „Spiegel des Lebens" (speculum vitae), der wahrhaftiges Abbild des Lebens aus Gott (Weish 7,26) in meinem Leben ist.

Die Metapher des Spiegels kommt aus Gen 1,27. Gott hat den Menschen als sein Abbild, als seinen Spiegel erschaffen. Das schließt die Unähnlichkeit mit ein. Der Mensch ist nicht selbst Gott, sondern dessen Ebenbild. Hildegard spricht immer dann von dem Spiegelbild, wenn sie die Übermittlung des Heils von Gott an den Menschen beschreiben will.

Die Eucharistie ist „Spiegel" für Christi Geburt, Leiden, Grablegung, Auferstehung und Aufstieg in den Himmel.[24] Alle Geheimnisse des Heils sind also in der Feier der Eucharistie vergegenwärtigt.

Für den Glauben als Spiegel des Lebens heißt das: Das Leben aus Gott ist schon in mir. Dabei versteht Hildegard „Glaube" als ein Vertrauen, ein Zutrauen in Gott, ja eine Zutraulichkeit (fiducia).[25] Glaube hat in dieser Sichtweise nichts zu tun mit einem krampfhaften Aufbieten aller Kräfte, um Aussagen, die gegen meine Vernunft und meine Gefühle stehen, als wahr anzuerkennen.

Hildegard verwendet ein Bild: Der Glaubende ist wie ein Thron, auf dem Gott sitzt. Der Mensch „berührt Gott mit innerster Hingabe".[26]

Zuinnerst berührt zu sein von Gott erlöst mich von meinem ungelebten Leben. Gerade für Zeiten der Dürre, wenn uns die großen Beteuerungen unseres Glaubens oder unserer Liebe vergehen, ist dies entlastend zu hören. Es genügt mein Dasein vor Gott und mein Bei-mir-Sein. Es genügt das Vertrauen, daß Er mein Leben zur Entfaltung bringt. Ich muß nicht erst einen großen Glauben erarbeiten.

„Viel zu lieben", große Sehnsucht nach der Lebendigkeit zu haben, läßt Gott, das Leben, bei mir sein.

Nicht von einem Augenblick auf den anderen werden wir zu dieser Ruhe finden. Hildegard redet auch da von einem Hindurchgelangen. Wenn ein Panzer um mich liegt, kann ich Gott nicht verspüren. Das Vertrauen sprengt ihn im Blickkontakt zum Leben.

Die Spannung meiner Liebesfähigkeit auszustrecken auf dieses Leben, löst von der Verhaftung an eine verfahrene Situation.[27] Wenn ich Gottes Thron bin, kann ich aufrecht gehen.

Deshalb ließ Hildegard ihre Schwestern tanzen.

spes
Die Hoffnung. (IV.V)
Sie erscheint als die Gestalt, die mit erhobenen

Händen zu Gott aufschaut: „Ich blicke … in des Lebendigen Auge". Sie ist lebendiges Leben, liebevolle Trösterin, hat ein sehendes Auge.

Die Hoffnung ist die Gegenkraft zu Verzweiflung und Depression.[28] Letztere entsteht aus den übertriebenen Forderungen an uns und andere. Wenn wir enttäuscht wurden, uns Gewalt angetan wurde, wenn wir aus dem inneren Gleichgewicht geraten sind, möchten wir nicht anschauen, was geschehen ist, wollen uns unsere Empfindungen und Verletzungen nicht eingestehen.

Wir haben das Gefühl, „wie tot" zu sein, beziehungsunfähig und ohne Vertrauen, meinen, auch den Glauben, daß ein Leben gut wird, verloren zu haben.

„Lebendiges Leben" läßt sich nicht machen, auch nicht, wenn wir einen genauen Leistungsplan entwerfen, an dem wir dann scheitern und deswegen deprimiert sind. Ein lebendiges Leben hat nichts Erzwungenes oder Gewalttätiges an sich.

Leicht entwickeln wir ein Wenn-Dann-System: Wenn jemand ein bestimmtes Verhalten zeigt, wird er sich sicherlich nie mehr ändern. Wenn ich dies oder jenes falsch gemacht habe, kann ich es nie mehr gut machen. Hildegard stellt dagegen die Hoffnung als die Gewißheit, daß Gott keinen Menschen verstößt, der sein Hoffen auf Ihn richtet.[29] Wenn Gott nicht aufgibt, brauche ich es auch nicht zu tun.

Wir können diese Haltung stärken, wenn wir uns mehr erlauben, Gott zu verspüren und auf die Zeichen des Lebens zu achten.

In unseren Gefühlen, unseren Leistungsnormen und dem Karriereplan aus dem Gleichgewicht zu geraten, erscheint uns als große Katastrophe unseres Lebens. Aber es kann der Anfang eines neuen Lebens sein. Denn es bringt mich zur Begegnung mit den Grenzen meiner Leistungsfähigkeit und meiner Unfähigkeit zu lieben, mit einer Krankheit, mit bisher nicht eingestandenen Gefühlen, mit seelischen Wunden, mit der Verkettung an Gewohnheiten und Meinungen. All diese Dinge sind ein Ruf der Hoffnung, liebevoller auf mich zu blicken und den Freiraum zu entdecken, in dem ich leben kann. Ich brauche nicht aufzugeben, wenn mein Schema des Alles oder Nichts und meiner mühsam erkämpfen Position zerbricht.

In das Auge des lebendigen Gottes zu blicken heißt letztlich: Mich von Gott anblicken zu lassen. Hildegard benennt gerade die Hoffnung als „Trösterin". Sie hat keine Beweise in der Hand. Sie starrt nicht auf Vergangenes und besiegt deshalb den Tod, öffnet mit schauendem Auge den Himmel (vgl. 1 Kor 13,13; Gal 5,22f).

Gehorsam, Glaube und Hoffen sind Kräfte des Aufbruchs in ein neues, „lebendigeres" Leben.

6. Emanzipation von der Lüge

Ein Aufbruch ist gefährdet. Er macht uns verletzlich und angreifbar. Unsicherheit und Schmerzen, die er in uns auslöst, Konflikte, denen wir uns nun stellen müssen, können uns verleiten, auf Lügen zu hören, aber auch, uns in Illusionen zu verlieren und vor der Wirklichkeit zu flüchten.

Um wirklich weiterzugehen zum Erwachsensein, bedarf es der Fähigkeit, Lüge und Illusion zu entlarven und sich von ihnen zu trennen.

Dazu helfen die Kräfte, die einer Befreiung Dauer verleihen und sie immer wieder neu ermöglichen.

castitas
Die Reinheit, die Keuschheit. (V)
Sie hat nichts zu tun mit verdrängter Sexualität,

noch gilt sie nur für zölibatär Lebende. Sie ist eine Haltung der Seele. Hildegard hat Erfahrung mit sich und anderen genug, um zu wissen, daß der Mensch zur Reinheit seines Wesens nur durch Wirren und Verunsicherungen, durch erfahrenes Ungleichgewicht seiner Gefühle und seines Wollens gelangen kann. Reinheit bedeutet nicht, leidenschaftslos und unberührt von seelischen Regungen zu leben. Im Gegenteil: Es bedarf einer „Leidenschaft zur Reinheit", das Liebesstreben mit ihr zu verbinden. Ein Mensch mit reinem Herzen (Mt 5,8) ist durch Aufrichtigkeit vor sich, vor anderen und vor Gott gekennzeichnet. Es ist mehr, einzugestehen, welche scheußlichen Motive und Gedanken mich beschäftigen, als so verhärtet und voll Haß zu sein, daß nichts mehr in mir lebt. Es ist mehr, darin abzuwarten, wie Gott damit umgehen wird, als über andere abfällig zu reden, deren Not oder Verfehlung offensichtlich sind. Die Reinheit ist frei von der Machtpose des Urteils und der Selbstgerechtigkeit.

Unser Tun wird meist bestimmt von den moralischen Werturteilen, die wir im Lauf unseres Lebens ansammeln. Gerade Reinheit wird dann verwechselt mit sexueller Enthaltsamkeit und von den einen als große Leistung gewertet, während sie andere als Verdrängung elementarer menschlicher Wünsche einstufen.

Damit wird die Keuschheit reduziert auf eine moralisierende und für unsere Phantasie so interessante Angelegenheit. Wir verachten damit den Menschen und seinen Schöpfer.

Reinheit umfasst aber die ganze Persönlichkeit eines Menschen. Wenn ich es wage, mir ein reines Herz schenken zu lassen, wird mir Behutsamkeit gegeben im Umgang mit meiner Sexualität.

Wunden aus einer sexuellen Beziehung, die an meine innerste Sehnsucht und Würde rühren, werden nicht durch hartes Urteil und Damit-Fertig-Werden-Wollen geheilt.

Worin besteht also castitas, Lauterkeit?

In der Bereitschaft, meine Gier heilen zu lassen. Sexualität kann bei einer gierigen Grundhaltung zum Instrument meines Haschens nach Lustgewinn werden. In solches narzißtisches Kreisen um meine Befriedigung kann ich zwar in einer körperlichen Beziehung zu meinem Partner geraten, aber genauso im Stolz auf meine Enthaltsamkeit oder meine große Hingabe.

Reinheit ist die Durchsichtigkeit meiner Seele. Das bedeutet nicht, daß ich vor jedem mein Innerstes nach außen kehre, sondern das ehrliche Eingestehen meiner Absichten oder Wünsche und die Eindeutigkeit meiner Worte. Reinheit wird die Grundspannung meiner Liebe intensivieren. Ich kann mich ehrlich fragen, wonach ich mich sehne. Ich kann vor Gott und einem vertrauten Menschen mein Sehnen offenlegen, um abzuklären, was ich eigentlich will, wohin ein Weg führen könnte. Diese Offenheit hilft, einen Blick für mich und meine Umgebung zu bekommen. Ich kann heilen lassen, was verwundet ist.

Auch hier gilt: Es kommt nicht darauf an, daß alle Probleme sofort gelöst werden.

Rede ich mit Gott über meine Sexualität?

Nehme ich sie überhaupt wahr? Sehe ich sie als Gabe zur Lebendigkeit oder nur als Last?

Erlaube ich mir das Verlangen nach körperlicher Nähe?

Hildegard wird am Ende des ordo darüber noch mehr sagen.

Zunächst stellt sich die Frage:

Wie gehe ich mit mir um, wenn ich den Aufruhr meiner Seele und meines Körpers in seelischen wie körperlichen Reaktionen spüre?

innocentia

Die Arglosigkeit, die Unschuld. (V)

Die Tugend, die nicht sensationslüstern aufbauscht, was sie sieht.

Sie ist sanft und hat trotzdem etwas äußerst Entschiedenes an sich. Sie weigert sich, beherrscht zu werden von Lüge und Haß und entzieht ihnen die Energie ihrer Zustimmung und ihres Liebesstrebens.

Wenn ich mich quälenden oder aufpeitschenden Bildern überlasse, werde ich mich immer mehr hineinsteigern, bis mein Denken und Fühlen von ihnen „besetzt" ist. Der Thron Gottes wird zerstört. In der Haltung der innocentia richte ich mich an der Wahrheit aus, daß der Thron Gottes in mir aufgerichtet ist und die heilenden Kräfte da sind. Ich stimme dem Negativen nicht zu, sondern verstärke die Wahrnehmung des Heilenden. Auch wenn die Seele etwas zu wichtig nimmt durch ihre Aufmerksamkeit wie durch ihre Entrüstung, wird dieses Etwas von ihr Besitz ergreifen und sie von der Reinheit wegziehen. Zu einer Reinigung meiner Gefühle gelange ich nicht durch rigoristische Prinzipien, die je lauter sie propagiert werden, desto verlogener und gewalttätiger sind, sondern durch die Hinwendung zur Arglosigkeit. Das Schwache ist stärker als das Gewalttätige. innocentia bedeutet Gewaltlosigkeit. Sie steht nahe bei der misericordia, die in Hildegards Spiel noch auftreten wird.

Es kann aber durchaus einmal nötig sein, daß ich mich von Dingen oder auch Menschen, die mich durch ihren Einfluss gefährden, trenne.

Da die Arglosigkeit nichts zu verbergen hat, braucht sie die Unwahrhaftigkeit nicht.

contemptus mundi
Verachtung der Welt. (V)
Sie wird beschrieben als „auf Gott vertrauend, nach Christus seufzend, heiter". Hildegard spricht aber auch von der „Zärtlichkeit ihrer Liebe" und ihrem Sich-Ausstrecken nach Christus.[30] Verachtung der Welt wäre mißverstanden als Abwendung von der bösen Welt und Rückzug in eine vermeintlich bessere. Vielmehr geht es hier um die Emanzipation des Menschen von den Mächten und Normen, die Ansprüche auf ihn geltend machen. Sie können sowohl von der umgebenden Gesellschaft wie vom eigenen Denken und Fühlen aufgebaut werden. Die Seele muß erwachsen werden, indem sie frei wird von den Stimmen, die so mächtig tun und ihr Angst machen möchten. Sie muß lernen, die Lüge von der sofortigen Triebbefriedigung abzuweisen. Gleichzeitig wird sie damit nicht mehr in Frage gestellte Tabus der sie umgebenden Gesellschaft brechen. Entlarvt sie Schein-Leben als solches, benennt sie, worüber nicht gesprochen wird, was aber das Verhalten bestimmt. Oft existieren schon im engsten zwischenmenschlichen Bereich ungeschriebene Stillhalteabkommen, von denen sich zu emanzipieren äußerst schwer ist: „Sprichst du nicht von meinen dunklen Stellen, schweige auch ich von den Dingen, die du nicht hören möchtest." Bisher fraglos mitgeschleppte Machtansprüche des Elternhauses, der Vorgesetzten, der Bildung stürzen in sich zusammen, wenn die Maske des Mitläufers fällt. Dies bringt Schmerzen des Abschiedes von so Gewohntem mit sich. Doch wird die Seele zur „Quelle des Lebens" durchdringen (vgl. Ps 36,10).
Diese Emanzipation kennzeichnet den Durchgang zu meinem unverwechselbaren Leben. Sie beschreibt den Menschen, der zur reifen Liebe

gelangt: Zur Liebe eines lebendigen Lebens. Welchen Lasten des „man muß...man tut...man sagt ... Was denkt man, wenn ich das tue?" beugen wir uns? Die reife Liebe braucht sich nicht Anerkennung um den Preis der Selbstaufgabe zu erkaufen.

Hildegard sagt, daß ihre „Zärtlichkeit sich öffentlich kundtut". Weltverachtung führt also nicht zu Gefühlskälte und Menschenhaß, sondern zu größerer Sensibilität und Liebesfähigkeit.

Sich frei zu wissen von den Machtansprüchen und ihrer Gewalttätigkeit bedeutet nun nicht, daß ich sie nicht zu spüren bekomme.

Aber Hildegard redet vom Seufzen, dem Sich-Ausstrecken nach Gott und von der Heiterkeit in allem.

Ich kann in Gott ganz „bei mir" sein und doch der Welt zugewandt, ohne mich an sie zu verlieren.

amor caelestis

Die Liebe zum Himmlischen. (V.VI)

Sie korrespondiert der Verachtung der Welt. Wenn ich mich von falschen Idolen abwende, ihnen meine Liebesenergie entziehe, brauche ich ein neues Ziel, auf das ich meine innere Spannung und mein Streben ausrichte. Meine Emanzipation braucht einen Halt und eine Unterstützung, damit ich sie bewahren und wachsen lassen kann. Die Liebe zu den himmlischen Wirklichkeiten kennzeichnet nun die Richtung des Liebesvermögens. Denn die gewonnene Freiheit von alten Ansprüchen ist nicht eine Freiheit um ihrer selbst willen. Dann wäre sie Verliebtheit des Menschen in sich selbst, der sagt: „Nun bin ich allein das Maß aller Dinge."

Ich werde ja nicht in einem Augenblick alle übergestülpten Normen abwerfen. Nacheinander werden mir Verstrickungen und Bindungen bewußt werden und nur in einem langsamen Prozeß werde ich sie ablegen.

Die Liebe zum Himmel beginnt auf der Erde. Der Umgang mit den Gaben Gottes, deren erste der Mensch sich selber ist, gehört dazu. Ein Streben nach dem Guten ist Merkmal der Liebe zum Himmel. Die Pflege heilsamer Neigungen, die meine Freude stärken und inneres Ungleichgewicht beruhigen, der Einsatz der guten und lebensfördernden Kräfte für ein Ziel, das mich fordert, helfen der Seele, dem zu entgehen, was Hildegard amara petulantia nennt: Dem frechen Mutwillen, der nicht Befriedigung, sondern Bitternis gebiert. Hildegard nennt diesen Zustand: „Bittere Ausgelassenheit im Geist kosten" (wörtl. übersetzt). Damit spricht sie vom Schwanken zwischen Extremen: Sich in Ablenkungen stürzen, um sich zu betäuben und sich dann wieder zurückziehen von übernommenen Pflichten und schwierigen Situationen. Beidem liegt Enttäuschung und Resignation zugrunde. Eine verbitterte Seele wird Leben zerstören. Eine Seele, die ihre Kräfte lebendig und zum Einsatz benötigt weiß, wird die Quelle des Lebens auch anderen öffnen wollen. Sie blickt auf das, was wirklich wichtig ist und muß sich durch Mißerfolge nicht hinunterziehen lassen, noch im Glück unrealistisch werden.

Reinheit, Arglosigkeit und Emanzipation von der Welt tragen die Seele hindurch im Prozeß ihrer Umgestaltung zur Lebendigkeit.

7. Hinwendung zum Einfachen und Schwachen

Die bisher aufgetretenen Tugenden verkörpern die Loslösung des Menschen aus ihm selbstverständlich gewordenen Fehlhaltungen. Er richtet jetzt sein Sehnen auf Gott.

Damit er sich aber nicht verliert in Wunschvorstellungen oder sich überschätzt und sich im
Kampf mit alten Gewohnheiten verausgabt, wird
ihm mit den nun folgenden Tugenden eine Rück-
bindung an die Erdhaftigkeit gegeben. Hildegard
richtet den Blick auf Gnadengaben, die Hilfen für
den alltäglichen Lebensvollzug anbieten, damit
der Mensch auf dem Weg zum Leben nicht ste-
henbleibt.
Die Seele, die lebendig ihre Kräfte einsetzen will,
braucht Leitung und Schutz, vor allem aber
Festigung.

disciplina
Die Ausrichtung auf das Wesentliche,
die Zucht. (VI)
Das bewußte Sich-Ausstrecken nach dem Einfachen bewahrt vor der Zerstreutheit und gibt der
Seele Zielstrebigkeit. Diese Tugendkraft bewirkt
die Treue zu einer gestellten Aufgabe oder zu
meiner Berufung in den alltäglichen Begebenhei-
ten. Im Umgang mit dem Gewohnten, das mich
vielleicht schon langweilt oder mir zu gering erscheint, kann sich eine Lebensaufgabe, eine Berufung herauskristallisieren. Kennzeichen dieser
Kraft Gottes ist die Liebe zum Einfachen, die
Treue im Unscheinbaren. Besser als krampfhaft
nach einer besonderen und ganz ausgezeichneten
Berufung für mich zu suchen, ist es, jetzt zu tun,
was mir zugetraut und anvertraut wird. Nicht
alles verspricht die disciplina. Die Einfachheit
entdeckt im Kleinen und Nächstliegenden den
Anspruch an sie. Nicht das Besondere, wunder-
bar Erscheinende bringt Leben mit sich. Das
Alltägliche wird genügend Kräfte abverlangen,
um mich auszulasten mit einer heilsamen Spannung und „Hindehnung" der Seele. Das Haschen
nach besonderen geistlichen Visionen und Selbst-

erfahrungen hindert mich, mich zu finden und zu erkennen, wer ich bin.

Wie wirkt sich die disciplina im Alltag aus?

Zu ihr gehört ein geordneter Tagesablauf. Bleibt noch Zeit, sich zu besinnen, zu entspannen, zu beten? Habe ich zu viele „Pöstchen", von denen ich einige aufgeben sollte?

Brauche ich wirklich alles, was ich besitze – was ich meine, besitzen zu müssen? Wie sieht es im Kleiderschrank, in der Gefriertruhe und bei den Kosmetikartikeln aus? Wieviel habe ich angehäuft? Weniger macht mein Leben schöner.

Die Hinwendung zum Einfachen fordert auch den Mut zum Unverstellten. Sie benötigt als Unterstützung

verecundia

Das Zartgefühl, die Achtung vor dem Verletzlichen und seinem Geheimnis, deshalb auch: Das Schamgefühl, die Behutsamkeit, die Würde schenkt. (VI)

In diesem Wort schwingt eine anbetende Haltung mit. Der lateinische Ausdruck bedeutet soviel wie: Scheu vor der Verletzung der Heiligkeit.[31] Die verecundia überwindet die Unverschämtheit der Lüge. Sie braucht aus sich selber nicht mehr zu machen als sie ist, noch dem andern seine Gaben und sein Recht abzusprechen.

Ich und der Mensch, dem ich begegne, sind „Tempel Gottes" (1Kor 3,16; 6,19). Nichts, was ein Mensch tut oder was er erleidet, ist ein Grund, ihn zu verachten. Der Lüge und dem Haß wird in dieser Haltung der Nährboden entzogen.

verecundia macht mich empfänglich für das Verwundete, das Schutz und Bergung braucht. Indem ich das Zartgefühl wachsen lasse und hüte, finde ich einen Zugang zum Schwachen und Verachteten, zu dem, was mich an mir und an anderen

abstößt. Weshalb möchte ich „funktionieren" wie
– angeblich – alle anderen?
Gerade die wundeste Stelle der Seele trägt in sich
ja einen Keim für neues Leben. In ihr kann ein
Geheimnis meines Lebens verborgen sein, das ich
noch nie wahrgenommen habe, weil ich immer
stark und groß sein wollte.

misericordia

Das Erbarmen, die Barmherzigkeit, die Hin-
wendung zu den Leidenden, Armen und Schwa-
chen. Gottes eigene „Tugend". (VI)
Ist verecundia das staunende Stehen vor einem
Geheimnis, so misericordia der Schritt auf das
Leidende zu, die Überwindung der Distanz, die
durch Ekel und Angst aufgebaut wurde. Erbarmen und Milde führen die Seele nicht nur zum
Sieg über die Lüge, sondern erhalten ihr auch ihre
Lebendigkeit. Natürlicherweise reagiert der
Mensch angesichts des Leidenden und Entstell-
ten mit Angst, Abwendung oder Vernichtung. Im
Umgang mit sich selbst, sowohl mit körperli-
chem wie seelischem Leiden möchte er das Schwache möglichst schnell stark sehen. Fühlt er sich
elend und arm, möchte er möglichst schnell wieder auf der Sonnenseite des Lebens stehen. Ist er
krank, soll möglichst schnell die Leistungsfähigkeit wieder hergestellt werden. Dabei wird eine
Stärke ersehnt, die uns möglichst wenig Einsatz
kostet, die ohne Wahrnehmung von Schmerz
erreicht wird. Ein Erbarmen und Mitleiden mit
dem, der – auch aus eigenem Verschulden – verwundet ist, erscheint als Zeichen von Schwäche.
Begegnet uns Trauer, soll sie möglichst behoben
werden und der Trauernde schnell wieder zu den
Muntermachern gehören. Unsere Achtung vor
dem Verletzlichen ist selbst verletzt. Unsere Fähigkeit, Milde zu üben statt Gewalt, ist verschüttet.

Wir sind verhärtet und wollen ständig Siege über uns selbst erringen, mit denen wir dann unter dem Deckmantel von Askese und Frömmigkeit angeben. Damit töten wir unsere Seele.

Die Gnadengabe der misericordia zu üben bedeutet:

In Wahrhaftigkeit mich dem aussetzen, was mir an mir selbst Angst macht. Es mit offenem Auge sehen. (vgl das unter 5. Gesagte).

Ich kann mir getrost Illusionen rauben lassen, brauche nicht stehenzubleiben bei einer einmal gefaßten Meinung über stark und schwach. Die Sehnsucht nach der Liebe gibt den Mut, nach der Botschaft alles Schwachen und Verletzten zu fragen und nicht dreinzuschlagen mit Worten wie „das darf nicht sein", „das hat kein Recht auf Leben".

Der Kranke oder Schwache kommt mir zu nah. Er rührt zu sehr an mein eigenes, sicher verbarrikariertes Schwachsein, das ich loswerden will. Die misericordia ist die radikale Umwertung unserer Leistungsorientiertheit, unserer Moral der Stärke.

Der Schwache, Leidende, Fremde wird mich mit neuem Leben beschenken.

Barmherzigkeit mit mir selbst und anderen ist etwas anderes als Wehleidigkeit oder billiger Trost. Mit der misericordia wird uns der Sieg über das Böse geschenkt, der nie durch unser Kämpfen erreicht wird, wenn wir das Böse mit Stumpf und Stiel durch neue Gewaltausübung ausrotten wollen.

Die Verwirrung in mir über die für mein Leben gültigen Normen kommt in der misericordia zur Ruhe.

Dabei ist allerdings sehr wichtig die Unterscheidungsgabe (discretio) (VI), die Hildegard in diesem Zusammenhang auftreten läßt. Es ist zu unterscheiden zwischen Zeichen der Lebendigkeit der Seele und Lascivität, zwischen der Haltung der Milde und Barmherzigkeit und einem möglicherweise nötigen Kampf, zwischen der Stimme der Gnade Gottes und menschlichen Einbildungen. Lascivität bedeutet, sich gehen zu lassen, alles eben laufen zu lassen, wie „es" läuft. Die discretio beleuchtet unsere inneren Antriebskräfte, um das richtige Tun zu erkennen.[32] Dieser Aufgabe der Unterscheidung ist keiner allein gewachsen, er braucht dazu einen erfahrenen Begleiter. Da ein solcher Prozeß einer Unterscheidung sehr lange dauern kann, ist er nicht ohne die Geduld (patientia) (VII) zu bestehen. Hildegard nennt sie „Säule".Die Vorgänge in der Seele brauchen oft lange Zeit der Klärung, bis die Verwirrung sich löst und eine Prägung, die eine Persönlichkeit bestimmt, umgewandelt werden kann. Auch hier darf der Mensch nicht der Verlockung erliegen, jetzt mit einem Schlag alles ändern zu wollen. Veränderung geschieht in stetigen kleinen Schritten. Deshalb läßt Hildegard an dieser Stelle nochmals die humilitas sprechen. Sie erinnert den Menschen an seine Erdhaftigkeit, die er im alltäglichen Tun einüben kann. Sie drängt zu einem Engagement, Auswege aus der Not zu suchen.

Konkretes Tun hilft, daß die misericordia in mir wächst und vor allem, daß ich fähig werde, mich von anderen mit dieser Gnadengabe beschenken zu lassen.

misericordia heißt Ausübung der im Evangelium beschriebenen Werke der Barmherzigkeit.

„Ich war hungrig, und ihr habt mir zu essen gegeben; ich war durstig, und ihr habt mir zu trinken gegeben; ich war fremd und obdachlos, und ihr habt mich aufgenommen; ich war nackt, und ihr habt mir Kleidung gegeben; ich war krank, und ihr habt mich besucht; ich war im Gefängnis,

und ihr seid zu mir gekommen." (Mt 25,35f)
Das aber wirklich zu tun, wagen wir nicht. „Ich
kann doch nicht..." Weshalb eigentlich nicht? Ich
kann an meinem Platz forschen, welchem Schwachen und Elenden oder Fremden ich begegnen
kann.

Nicht weil ich so sozial eingestellt bin. Sondern
weil Gott mir in diesem Tun etwas von sich selbst
mitteilen will.

Damit wird unser gewöhnliches Verständnis von
Werken der Barmherzigkeit auf den Kopf gestellt: Ich bin der/die Geringste, dem/der Gutes
getan wird.

Wenn ich innerlich und mit Worten danke für das
Gute und Schöne, das ich von einem Menschen
empfange, wird das Auswirkungen auf mein
Wohlbefinden haben. Dies ist nicht zu verwechseln mit Unselbständigkeit und falschverstandener
Demut.

Es geht um die Mitarbeit an meinem neuen Leben.
Habe ich den Mut, auch einmal um etwas zu
bitten, statt mir alles selbst zu beschaffen?

Ich kann Gott bitten, mir Zeichen der Barmherzigkeit zu geben, weil ich sie brauche. Wie in Ps
86,17 steht: „Gib mir ein Zeichen Deiner Huld...
Meine Feinde sollen es sehen und sich schämen...
Du bist barmherzig..."[33] Die Feinde sind in mir:
Meine Zweifel, meine Härte, mein Leistungsdruck.

In mittelalterlichen Abbildungen steht die misericordia oft neben der caritas. Sie ist Tun aus Liebe.
Zielstrebigkeit, Zartgefühl und Milde verändern
alte Gewohnheiten und führen die Seele zu neuer
Lebendigkeit, helfen ihr aber auch zur Stetigkeit.

8. Der Augenblick der Erkenntnis

Vermeintlicher Lustgewinn hat die Seele verführt. Die „übel riechenden Wunden" (VIII) schrecken Gottes Gnadenkräfte nicht ab. Die guten heilenden Kräfte lagen aber gebunden in der Seele, sie konnten ihr nicht helfen, solange sie ihnen davonlief. Auf der Flucht ist der Mensch dem Guten „entfremdet". Er ist nicht bei sich und nicht bei Gott[34], er lebt im Schatten des Todes.

In Hildegards dramatischer Darstellung ist nun der Augenblick gekommen, an dem die Seele das Elend ihrer Abwendung von Gott erkennt. Sie ändert ihr Verhalten, entspricht damit in ihrem Tun ihrem Erkennen.[35] Sie bittet, von den Tugenden aufgenommen zu werden. So wundgerissen wie sie ist, kann sie kommen. (VIII)
Als erste nimmt die humilitas den Menschen auf. Das Eingeständnis: Ja, so bin ich, so war mein Weg, öffnet den Weg zum Neubeginn und zur Heilung. Hildegard redet davon, daß ein solcher Mensch in hellerem Licht strahlt als vor seiner Verirrung. (IX)
Aber noch hängen an der Seele die Fetzen ihrer alten Gewohnheiten: Weil sie Sünde getan hat, wagt sie nicht, Gottes Gnadengaben in Anspruch zu nehmen. Sie sagt: „Ich habe nicht gewagt, zu kommen." (VII) (vgl. Gen 4,7.13). Damit schließt sie sich selbst von der Gemeinschaft mit Gott aus. Wieder ist in ihr die Neigung zur Flucht. Solange sie noch andauert, kann der Widerstreit ihres Wollens erst recht keiner Lösung zugeführt werden. Sie schleppt mit sich noch die Normen ihres alten, so gut eingeübten Verhaltens, das ihr zur „zweiten Haut" wurde. Die Berufung auf ihre Furcht kann Vorwand sein, die gewohnte Verhaltensweise nicht verlassen zu müssen. Als Aufruf

gegen die Furcht und Flucht hört sie: „Gott wird dich heilen!" (VIII).

Die Seele spürt ihre Wunden, gesteht sie ein und gibt zu, daß sie Hilfe braucht. „Ich floh vor dem Leben" erkennt sie nun deutlich. In diesem Augenblick wird ihr gesagt: „Sei stark!"(VIII) Ihre Fluchttendenz weg von der Verantwortung wird damit eingedämmt. Woher kommt aber die Stärke? Wie kann sie sie überhaupt ergreifen? Nicht indem sie sich nun endlich zusammenreißt und es schafft, sondern in der Hinwendung zu eben jener humilitas, die sie befreit zu neuem Leben. Sie braucht auch nicht mehr in Trauer zu versinken über ihr Versagen. Auch das wäre wieder eine Form der Flucht. Sie stellt sich der Wirklichkeit ihres Weges, so wie er bisher war. Ehrlich kann sie zugeben: Der Hochmut hat mich zu Fall gebracht, die Inflation meines Ich, der Versuch, das eigene Leben selbst sichern zu wollen unter Preisgabe des Lebens. (VIII)

9. Umgang mit Illusion und Suggestion

Mit der Seele ist eine Veränderung geschehen. Sie weiß um ihre Abgründe. Sie weiß, daß Gott sie nicht verstößt, daß nur sie selbst sich von ihm abwenden kann. Sie weiß, daß es zu ihr gehört, widerstreitendes Wollen und Empfinden in sich zu tragen. Sie weiß, daß ihre Lebendigkeit und ihr Erwachsensein nicht darin bestehen, dies zu verbergen. Sie weiß, daß sie in sich ein unersättliches Lechzen nach Leben hat und daß sie darin getäuscht werden kann von vorgegaukeltem Glück. Sie weiß, daß es auf ihren Willen ankommt, wohin sie sich in ihrem Suchen wendet, daß Schmerzen und Konflikte auf ihrem Weg nicht ausbleiben. Sie ist mit diesem Wissen nicht mehr die, die sie war.

Doch spielt sich die Lüge nun noch einmal mit gesteigerter Wucht auf. Sie versucht es jetzt mit Vorwürfen, dem Heraufbeschwören von Angst und dem Einreden von Schuldgefühlen.

Es kommt zur harten und direkten Konfrontation: „ICH habe dich aus der Enge herausgeführt. ..ICH werde dich ins Verderben stürzen... Du weißt nicht, wer du bist"(IX)[36] – „Du wirst nicht zurechtkommen mit dir selber." „Wer bist du schon?"lautet der Vorwurf der Infantilität: „Ich kriege dich schon klein. Du wirst immer die alte bleiben."

Dies ist die Kehrseite der Illusion vom Glück, die Aufgipfelung der Verdrehtheiten: Die Suggestion des Verderbens. Der Verführer will die Seele in seiner Abhängigkeit halten, deshalb der Vorwurf eben der Unmündigkeit, welcher die Seele nun endlich entflohen ist. Nach der Inflation des Ich nun die Deflation, der Auslöser einer Depression, der Sturz aus der Höhe, der nichts anderes ist als das In-Sich-Zusammensinken der Aufgeblasenheit. Der sich aufbäumende Spötter will die Seele noch im Zusammenbruch seiner Lügen in die Verzweiflung ziehen. Beide läßt die Seele nicht mehr über sich herrschen. Sie reagiert, wie sie es von den Tugenden gelernt hat. „Ich habe erkannt, wer du bist." (IX) In diesem Satz wird die Frucht der hinter ihr liegenden Erfahrung des Irrweges erkennbar. Sie durchschaut den, der sie täuschte (den illusor, wie Hildegard ihn nennt) und distanziert sich von der früheren Flucht in seine Illusionen vom Glück. Damit hat auch angedrohtes Scheitern keine Macht mehr über sie.

Auf dem geistlichen Weg kommen wir in einer bestimmten Phase in eine solche Situation: Wir sind von Gott aufgenommen, haben seine heilenden Kräfte erfahren. Aber der Zusammenbruch unserer bisherigen Barrieren auf dem Weg zu

Gott verunsichert uns so sehr, daß wir sagen: „Das kann doch nicht sein! Es darf mir doch nicht gut gehen." Dann hat uns die Depression, das alte Verhalten, wieder. Wir beschwören dieselben Abläufe wieder herauf. Wir sind es gewohnt, daß es uns schlecht geht und haben es uns bequem gemacht in Schwermut und Unzufriedenheit.

Wie entkommen wir diesem Kreis?

Hildegard spricht davon, sich „von der Berührung der Gnade treffen zu lassen".[37]

Die Hinwendung zur humilitas aktiviert auch die anderen Gnadenkräfte. Den Kampf gegen die Illusion und Suggestion gewinnt die Seele in der Bergung bei ihr.

Nun greift der Spott das Verwundbarste unserer Gefühle an. Es kommt zu einem direkten Konflikt zwischen der Reinheit und der Lüge.

Hildegard scheut sich nicht vor drastischen Wendungen. Dem Illusor sagt die castitas sehr direkt: „Du bist gestürzt...dein Bauch ist ja in Unordnung (venter tuus confusus)". (X) venter, damit ist der Bauch gemeint, der Sitz der Emotionen und des sexuellen Empfindens, der Leib seiner Triebhaftigkeit nach. Dieser Leib geriet in Konfusion, „wurde zuschanden": Er geriet ins Chaos, da er, nicht mehr als Gabe des Schöpfers angenommen, das Haben-Wollen und die Befriedigung seiner Sehnsucht zum wichtigsten Ziel erhob.

Er treibt sein verletzendes Spiel mit Leib und Seele des anderen.

Unter Aufreizung des sexuellen Verlangens greift das Gebrüll der Verwirrung nach der Mitte und Würde der Person mit Leib und Seele, an die ursprüngliche Einheit von Gott und seinen Geschöpfen, an die Sehnsucht nach Nähe und Sich-Hingeben-Dürfen.

„Dein Bauch ist leer" schreit der Verwirrer die Seele an. (VII) Das heißt: „Du bist unfruchtbar.

Dein Leben hat keinen Sinn. Es fehlt ihm der Lustgewinn, ohne den du nicht leben kannst. Du bist von niemandem geliebt."

Folge dieses Vorwurfs können innere Lähmung und ständige Niedergeschlagenheit sein. Der Spott wird in Hildegards Spiel laut herausgebrüllt – vielleicht um uns wachzurütteln. Eine Schwermut, die wir mit uns herumtragen, kann ihren Ursprung in diesem Hohn auf ungelebte Sexualität haben, ohne daß wir uns dessen bewußt sind. Verborgene sexuelle Wünsche wagen wir uns kaum einzugestehen.

Der Vorwurf: „Wer ist Gott schon und wer bist du schon?" ist typisch für eine Suggestion, die ins Unglück führt. Da wir ihn tief in uns tragen, hat der leichtes Spiel, der uns auch noch von außen damit konfrontiert.

Der zynische Spott des Illusors ist nicht zimperlich: „Dein Bauch ist leer (venter tuus vacuus)". Damit kommt zur Illusion noch eine zusätzliche Suggestion, eine Unterstellung, die etwas einreden will: „Du hast nicht genug für dein Lechzen nach Leben. Du kennst dich nicht!" Selbst Gottes Verheißung der körperlichen Fruchtbarkeit wird als Drohung herangezogen, um die Suggestion zu untermauern. Ein solcher Vorwurf sitzt! Er verdreht verecundia in Beschimpfung und in den Zugriff auf die sexuellen Kräfte. Diese Suggestion kann sich jedoch nur einnisten, wenn sie in der Seele Wut und unterdrückte Wünsche als Nährboden findet.

Wer bin ich, wenn ich umgetrieben bin von mir selbst? Die Antwort kann sich die Seele nicht selbst geben. Sie muß auch nicht behaupten, die Antwort schon gefunden zu haben. Die Entlarvung der Frage als in die Enge treibende Suggestion eines Mangels, der möglichst schnell behoben werden müßte, ist der erste Schritt, die Suggestion zu entlarven, die das Liebesstreben aus der Ganzheit der Person löst und auf die Befriedigung sexueller Wünsche reduzieren will.

Nach Hildegard führt die machthungrige Lustbefriedigung zu einer tiefen Wunde der Seele: Der „Verzweiflung am eigenen Wesen". Sie bringt nicht die vorgegaukelte Erfüllung, da der Mensch sich selber verliert, indem er sein Liebesstreben verletzt. Unfruchtbarkeit versteht Hildegard viel umfassender als nur körperlich, nämlich als die Weigerung zu lieben. In dieser Haltung verdreht und zerstört der Mensch seine Gottesebenbildlichkeit: „Diese Figur von einem Gottesbild, die will ich ruhig in den Schmutz ziehen, auch wenn das dem lieben Gott noch so lästig ist. Denn auf diese Weise kann ich alle verderben. Ich habe schließlich meine eigene Herrlichkeit und bin auch auf der Höhe. Ich erlaube mir einfach, alles an mich zu ziehen, weil das so in meiner Natur liegt, die mir nun einmal angeboren ist..."[38]

Dagegen steht das Geheimnis der Fruchtbarkeit: Das innerste Verkosten der Gegenwart Gottes in der eingangs beschriebenen Sehnsucht des „multum amas" – „Groß ist deine Liebe".

Gerade die Enthaltsamkeit, umfassend verstanden als die Reinheit, trägt nach Hildegard eine Krone, auf der steht: „Setze immer in Brand!" Sie ist also weit davon entfernt, in Gefühlskälte zu erstarren.

Die Reinheit trägt im Leib „wie in einem Spiegel ein ganz leuchtendes Kind." Sie strahlt wie ein Kristall oder wie Wasser im Licht.[39]

Leben und Licht in sich zu tragen, ist Zeichen der Nähe Gottes im Menschen. Irdisch-Leibliches und Ewiges sind verbunden. Der Mensch hat seine Lebendigkeit in Gott gefunden. Das Licht ist für das Mittelalter reinstes und schönstes Zeichen des Guten, Gottes selbst.[40] Eine Schau Gottes ist Schau des Lichts. Gott hat in der Schöpfung sein Licht in die Geschöpfe gelegt. Es kommt zum Durchbruch, wenn der Mensch Gottes Nähe in seinen Tugendkräften zuläßt. Der Anblick des Bösen und Mangelhaften, wie hier des Illusors, läßt Gottes Vollkommenheit nur noch deutlicher werden. Damit kommt es zur Versöhnung im Menschen selbst: Er braucht weder zu fliehen noch einer Suggestion zu glauben.

WEG ZUR LEBENDIGKEIT

Worin besteht nun der Zugewinn an Leben für die Seele, wenn trotz der Nähe Gottes doch wieder ähnliche Fragen und Unruhe auftauchen?

Das Wirken Gottes im Menschen läßt die Sehnsucht der Seele und des Leibes überhaupt erst bewußt werden. Die göttliche Liebe weckt und belebt die Seele, sich mit all ihren Emotionen auf den Weg zu Gott zu begeben. Die Lebendigkeit der Gefühle ist Zeichen der Gegenwart des Geistes Gottes.[41]

Für die Sehnsucht, in Gott lebendig zu sein, verwendet Hildegard ein Wort, das Schmachten und Sehnen ausdrückt und die ganze menschliche Affektivität einschließt: „ad te suspiro et omnes virtutes invoco" – „Nach Dir schmachte ich und alle Tugenden rufe ich zur Hilfe." (I)

Zur Gottes- und Selbsterkenntnis gelangt der Mensch nicht dann, wenn er meint, besondere Erlebnisse zu benötigen, sondern im Einlassen auf sein Menschsein vor Gott in seinem Alltag. Die Fehlhaltung von Angst, Flucht, Scheu vor Verwundungen und die daraus resultierenden Reaktionen der Verweigerung, der Illusion/Suggestion, der Lascivität können innerhalb kürzester Zeitspannen auftreten (an einem einzigen Tag, in ein- und demselben Traum).

Gerade aus den Wunden aber und den Erfahrungen mit mir selbst kann das Eigentliche meines unverwechselbaren Lebens aufleuchten. Was nicht bedeutet, daß Leiden gesucht oder die Seele zur Schau gestellt werden soll! Aber überspielende Lügen sind nicht nötig. Die Frage ist: Will ich lebendig sein? Auch wenn ich nichts verstehe, gehe ich den nächsten kleinen Schritt und achte aufmerksam auf die Stimmen in meinem Innern.

Deswegen ist so hilfreich, wie Hildegard von Bingen in diesem Spiel vorgeht: Sie läßt die Gefühle und Kräfte unserer Seele, die wir kennen, zur Sprache kommen. Namenlos, unbewußt können Widersprüche ihr Unwesen treiben. Die Auseinandersetzung mit ihnen wirkt lösend. Nichtbeansprucht können die Gnadenkräfte nicht helfen.

Der Weg aus den Lügen eines konfliktlosen, eines leib- und seelelosen Frommseins zur Lebendigkeit geht über dramatische Auseinandersetzungen und Hilflosigkeiten gegenüber mir selbst. Nach Hildegard führt Gott den Menschen durch eine „infusio experimentorum", ein „Einströmen der Erfahrung" zum lebendigen Leben.

Der Epilog des ordo virtutum preist Gott, der die beschädigte Lebenskraft des Menschen durch Christi Menschwerdung heilt. (XI)

ANMERKUNGEN

[1] Daß nicht die gesamte christliche Spiritualität diesem Mißverständnis erlag, zeigt A.Grün, Geistliche Begleitung bei den Wüstenvätern 89, die apatheia als Gesundheit der Seele verstanden.
Zu den Hintergründen der Leibfeindlichkeit R. Cantalamessa 134-144

[2] Denzinger Nr 292

[3] scivias I 4,30, S. 78; vgl Denzinger 293

[4] scivias I 2,30.31; III 1,5, S. 33.34.313

[5] PL 197, 1030CD. 741AB

[6] bezeugt im Brief der Tengswich an Hildegard und deren Antwort, Briefwechsel 200-203

[7] PL 277C (Briefwechsel 16) Ihr eigener Hochmut und ihr Nicht-Loslassen-Können brachten Hildegard an den Rand seelischer und körperlicher Kräfte. Briefwechsel 94-100

[8] scivias III 3,3.4, S. 353.355

[9] scivias III 3,3-9, S. 353-362f

[10] scivias I 6,4, S. 96

[11] scivias I 4,17-26, S. 72-76

[12] scivias I 4,5, S. 63f; ordo I Fremde; X Heimkehr

[13] scivias I 4,11, S. 68; vgl Jes 44,9; Bar 6,7f

[14] scivias II 3,19; II 5,57, S. 137.209

[15] avaritia gutturis, verwandt dem hebräischen Wort nephesch (Gurgel, Seele), meint negativ die Unersättlichkeit des Menschen. Gen 2,7 (der Mensch wurde zu einem lebendigen Wesen), dem dieses Bild entstammt, spricht positiv von dem Angewiesensein des Menschen, Nahrung und Zuwendung in sich aufzunehmen, die ihn am Leben erhalten; vgl Ps 42,2

[16] vgl. ordo IX.X, Worte des Teufels; scivias I 2, 33, S.36

[17] scivias III 3; 13; S. 364

[18] z.B. Augustinus sermo 350, PL 39

[19] Lieder 16, S.47

[20] scivias III 8,2, S. 462

[21] pupillam mali requiri, Lieder 18, S. 51

[22] scivias I 1,2, S. 11

[23] Lieder 16, S. 47

[24] scivias II 6,17, S. 230

[25] scivias III 8,5.22, S. 463.487

[26] scivias III 1,2.3, S. 311

[27] scivias III 2,1, S. 329

[28] scivias III 8,5, S. 463

[29] scivias III 8,6, S. 464

[30] scivias III 10, 21, S. 541

[31] Georges, Lateinisches Handwörterbuch II,3420

[32] scivias III 6,34, S. 437

[33] Übersetzung nach dem Münsterschwarzacher Deutschen Stundengebet

[34] scivias I 4,1, S. 58f

[35] scivias I 4,30, S. 79f

[36] vgl scivias I 4,4-6, S. 62-64

[37] scivias I 4,30, S. 80

[38] Beschreibung der Wollust in: Liber Vitae Meritorum 159f

[39] scivias III 8,6.7, S. 464

[40] Assunto 74

[41] Hildegard spricht von suscitare/resuscitare, wecken/wiedererwecken, was sowohl an die Auferstehung von den Toten wie das Erwachen der Liebessehnsucht anklingt. Lieder 15.16.60.64; vgl Hld 2,7

[42] Lieder 18, S. 51

SPIEL DER KRÄFTE

[Prolog]

DIE PATRIARCHEN UND PROPHETEN:
Wer sind diese, den Wolken gleich?
DIE KRÄFTE:
O ihr Heiligen des Alten Bundes, was staunt ihr
uns an? Gottes Wort erstrahlt in Menschengestalt.
Da wir die Glieder seines schönen Leibes bauen,
leuchten wir in ihm.
DIE PATRIARCHEN UND PROPHETEN:
Wir sind die Wurzeln, ihr seid die Zweige. Früch-
te seid ihr des lebendigen Auges. Wir waren nur
der Schatten in ihm.

KLAGE DER IM FLEISCHE BEFIND-
LICHEN SEELEN:
Ach, wir sind Fremdlinge! Was haben wir getan,
wir wandten uns vom Wege ab, der Sünde zu!
Königskinder sollten wir sein, doch wir stürzten
hinab in das Dunkel der Sünde. O lebendige
Sonne, trage du uns auf deinen Schultern in das
rechtmäßige Erbe, das wir in Adam verloren. O
König der Könige, deinen Kampf kämpfen wir.
DIE GLÜCKLICHE SEELE:
O selige Gottheit, o köstliches Leben! Könnte ich
doch in dir das Lichtgewand tragen und das
zurückempfangen, was ich beim ersten Erschei-
nen [in Adam] verlor! Nach dir seufze ich, und
alle Kräfte rufe ich an.
DIE KRÄFTE:
O glückliche Seele, o geliebtes Gottesgeschöpf,
erschaffen bist du aus der unergründlich tiefen
Weisheit Gottes, groß ist deine Liebe.
DIE GLÜCKLICHE SEELE:
O wie gerne käme ich zu euch, daß ihr mir den
Kuß des Herzens schenktet!

DIE KRÄFTE:
Vereint mit dir müssen wir kämpfen, o Königstochter.

DIE NIEDERGEBEUGTE SEELE KÄMPFT:
O schwere Mühe, o drückende Bürde, die im Gewande dieses Lebens auf mir lastet! Denn überaus hart ist es mir zu kämpfen wider das Fleisch.

DIE KRÄFTE:
O Seele, Gottes Wille hat dich erschaffen und zum Heile ausgerüstet. Warum bist du so schwach wider das, was Gott in der Natur, die aus der Jungfrau stammt, zertreten hat? Du mußt durch uns den Teufel besiegen.

DIE SEELE:
Eilt herbei, mir zu helfen, damit ich standhaft bleibe!

DIE ERKENNTNIS GOTTES ZUR SEELE:
Erkenne das Gewand, mit dem du bekleidet bist, Tochter des Heiles! Sei standhaft, und niemals wirst du fallen!

DIE UNGLÜCKLICHE SEELE:
Ach, ich weiß nicht, was ich tun, wohin in fliehen soll. Weh mir, das Gewand, das ich trage, ich kann es nicht vollenden. Wohlan, ich werfe es ab!

DIE KRÄFTE:
O unheilvolles Gewissen, o unglückliche Seele, warum verbirgst du dein Antlitz vor deinem Schöpfer!

DIE ERKENNTNIS GOTTES:
Du kennst ihn nicht, der dich erschaffen, du siehst ihn nicht, noch liebst du ihn.

DIE SEELE:
Gott hat die Welt erschaffen, ich tue ihm kein Unrecht an, ich will sie genießen.

GETÖSE DES TEUFELS ZUR SEELE HIN:
Du Narr, du Narr, was nützt es dir, dich abzumühen? Schau auf die Welt, sie wird dich mit großen Ehren aufnehmen.

II

DIE KRÄFTE:

O diese Stimme des Unheils, voll von großem Schmerz! Ach, ach, schon steig in wunderbarem Gottverlangen ein wunderbarer Sieg hervor. Doch verbarg sich heimlich schon darin die Lust des Fleisches – wehe, wehe! –, als der Wille die Laster noch nicht kannte und das Verlangen die Ausschweifung floh. Klage, klage darüber, o Unschuld! Zwar hast du in edler Scham die Unversehrtheit nicht verloren, doch die Gier der alten Schlange hast du damit nicht erstickt.

DER TEUFEL:

Was ist das für eine Macht, daß keiner sein soll außer Gott? Ich aber sage: Alles gebe ich dem, der mir und meinem Willen folgt. Doch du hast deinen Anhängern nichts zu bieten. Denn ihr alle wißt ja nicht einmal, wer ihr seid.

DIE DEMUT:

Ich und meine Gefährtinnen wissen sehr wohl, daß du jener alte Drache bist, der den Allerhöchsten überbieten wollte. Doch Gott selbst stürzte dich in den Abgrund.

DIE KRÄFTE:

Wir alle wohnen in der Höhe.

DIE DEMUT:

Ich, die Demut, eure Königin, sage: Kommt zu mir, ihr Kräfte, ich will euch stark machen, die verlorene Drachme zu suchen und den zu krönen, der durch Beharrlichkeit fruchtbar geworden.

DIE KRÄFTE:

O glorreiche Königin, o sanfte Mittlerin, wir kommen mit Freuden.

DIE DEMUT:

So weiß ich euch, geliebte Töchter, im Brautgemach des Königs.

DIE LIEBE:

Ich, die Liebe, bin eine liebenswerte Blüte. Kommt zu mir, ihr Kräfte, ich will euch führen in das

strahlendhelle Licht der Blüte, die dem Reis
entsprang.

DIE KRÄFTE:
O geliebte Blüte, mit brennender Sehnsucht eilen
wir zu dir.

DIE GOTTESFURCHT:
Ich, die Gottesfurcht, mache euch Töchter des
Heiles bereit, zu schauen auf den lebendigen Gott,
damit ihr nicht verlorengeht.

DIE KRÄFTE:
O Furcht, von großem Nutzen bist du uns, darum
sind wir von Eifer erfüllt, uns nie von dir zu
trennen.

DER TEUFEL:
He! He! Wer ist denn diese so große Furcht? Und
wer ist diese so große Liebe? Wo ist der Kämpfer?
Und wo der Vergelter? Ihr wißt ja nicht, was ihr
verehrt.

DIE KRÄFTE:
Du bist voll Furcht und Schrecken. Denn vom
höchsten Richter wurdest du, weil der Stolz dich
aufgebläht, in die Hölle gestürzt.

DER GEHORSAM:
Ich, der Gehorsam, bin voller Licht. Kommt zu
mir, ihr Töchter, ihr schönen, ich führe euch heim
in das Vaterhaus und zum Kusse des Königs.

DIE KRÄFTE:
Verlockend ist dein Ruf. So ziemt es uns, mit
drängendem Eifer zu dir zu kommen.

DER GLAUBE:
Ich, der Glaube, bin des Lebens Spiegel. Ihr Töchter, würdig der Ehre, kommt zu mir, ich zeige
euch den sprudelnden Quell.

DIE KRÄFTE:
O Kraft, die du so klar schaust, wir vertrauen
darauf, durch dich zum wahren Quell zu gelangen.

DIE HOFFNUNG:
Ich blicke voll Seligkeit in des Lebendigen Auge.

IV

Keine trügerische Erschlaffung kann mich beirren. Darum kannst du, Finsternis, mich nicht umwölken.

DIE KRÄFTE:

O lebendiges Leben, o liebevolle Trösterin, des Todes todbringende Gewalt besiegst du, und wenn das Auge schaut, öffnest du des Himmels verschlossenes Tor.

DIE KEUSCHHEIT:

O Jungfräulichkeit, du stehst im königlichen Brautgemach. Wie selig erglühst du in der Umarmung des Königs, wenn die Sonne dich durchstrahlt! So wird deine strahlende Blüte nie welken. O edle Jungfrau, nie wird die Nacht dich finden mit fallender Blüte.

DIE KRÄFTE:

Die Blume des Feldes sinkt nieder vom Wind, der Regen verstreut ihre Blätter. O Jungfräulichkeit, du weilst bei den Chören der Himmelsbürger. So bist du die liebliche Blüte, die niemals verdorrt.

DIE UNSCHULD:

Fliehet, ihr Schäflein, den Unrat des Teufels!

DIE KRÄFTE:

Wenn du uns hilfst, werden wir ihm entfliehen.

DIE WELTVERACHTUNG:

Ich, die Weltverachtung, bin des Lebens lichter Glanz. O elende Erdenpilgerschaft mit all der Mühsal, ich gebe dir den Abschied. O ihr Kräfte, kommt zu mir, wir wollen hinaufsteigen zum Quell des Lebens.

DIE KRÄFTE:

O glorreiche Herrin, immer führst du die Kämpfe Christi. O große Kraft, du bringst die Welt unter deine Füße, darum thronst du siegreich im Himmel.

DIE LIEBE ZUM HIMMLISCHEN:

Ich bin die goldene Pforte, fest dem Himmel eingefügt. Wer durch mich hindurchgeht, wird nie in seinem Herzen die Bitternis der Ausgelassenheit erfahren.

DIE KRÄFTE:
O Königstochter, immer stehst du in jener Liebe, vor der die Welt flieht. O wie anziehend ist deine Liebe zum höchsten Gott!

DIE ZUCHT:
Ich liebe die schlichten Sitten, die von entehrenden Taten nichts wissen. Immerzu schaue ich auf den König der Könige, ihn umfange ich in hoher Ehre.

DIE KRÄFTE:
Du Gefährtin der Engel, herrlich bist du geschmückt bei der Hochzeit des Königs.

DIE SCHAMHAFTIGKEIT:
Ich hülle in Dunkel allen Unrat des Teufels, ich vertreibe und zertrete ihn.

DIE KRÄFTE:
Beim Aufbau des himmlischen Jerusalem blühst du inmitten blendendweißer Lilien.

DIE BARMHERZIGKEIT:
Wie bitter ist die Härte, die unbewegten Herzens nicht gern erbarmungsvoll zu Hilfe eilt! Ich aber bin entschlossen, allen Trauernden die Hand zu reichen.

DIE KRÄFTE:
O Mutter der Pilger, würdig des Lobes! Immer richtest du sie auf, du salbst die Armen und Schwachen.

DER SIEG:
Ich, der Sieg, bin schnell und stark im Kampf. Ich kämpfe mit dem Stein, zertrete die alte Schlange.

DIE KRÄFTE:
O willkommene Kämpferin, du gleichst dem Sturzbach, der den gefräßigen Wolf verschlingt. Ruhmreiche Gekrönte, freudig kämpfen wir mit dir gegen diesen Spötter hier.

DIE UNTERSCHEIDUNGSKRAFT:
Ich bin die Unterscheidungskraft, Licht und Ord-

nung aller Geschöpfe bei der Entscheidung Gottes. Mich hat Adam durch seiner Sitten Ausgelassenheit von sich getrieben.

DIE KRÄFTE:
O schöne Mutter, wie lieblich und anziehend bist du! Denn niemand wird an dir zuschanden.

DIE GEDULD:
Ich bin die Säule, die nicht zerbröckeln kann, denn ich bin in Gott gegründet.

DIE KRÄFTE:
O Unerschütterliche, du stehst im Felsenspalt, o glorreiche Kämpferin, alles erträgst du.

DIE DEMUT:
O Töchter Israels, unter dem Baume hat Gott euch zum Leben erweckt. Darum gedenkt in der jetzigen Zeit seiner Pflanzung. Freut euch also, ihr Töchter Sions!

DIE KRÄFTE:
Wehe, wehe, wir Gotteskräfte müssen klagen und trauern. Denn ein Schäflein des Herrn hat das Leben geflohen.

DA ERHEBT DIE REUIGE SEELE KLAGE UND RUFT DIE KRÄFTE AN:
O königliche Kräfte, wie schön seid ihr, wie leuchtet ihr im Glanz der hohen Sonne! Wie lieblich ist es, unter euch zu weilen! Weh mir, daß ich euch verließ.

DIE KRÄFTE:
Fahnenflüchtiger, komm, komm zu uns, und Gott wird dich aufnehmen.

DIE SEELE:
Ach, ach, die brennende Lust verschlang mich in Sünden. Daher wagte ich nicht einzutreten.

DIE KRÄFTE:
Sei ohne Furcht und fliehe nicht! Der Gute Hirt sucht in dir sein verlorenes Schaf.

DIE SEELE:
Nun ist es nötig, daß ihr mich aufnehmt. Denn

übel riechen meine Wunden, mit denen mich die alte Schlange befleckt hat.

DIE KRÄFTE:
Komm schnell und folge unsern Spuren! Sind wir bei dir, so wirst du niemals fallen, und Gott wird dich heilen.

DIE REUIGE SEELE ZU DEN KRÄFTEN:
Ich sündiger Mensch, ich floh das Leben. Bedeckt mit Geschwüren, komm ich zu euch, damit ihr mir reichet den Schild der Erlösung. Ihr alle, die ihr unter der Königin streitet, strahlende Lilien mit rosenfarbenem Purpur, neiget euch zu mir! Euch entfremdet, weilte ich in der Verbannung. Helft mir, daß ich im Blut des Gottessohnes mich erheben kann!

DIE KRÄFTE:
Fahnenflüchtige Seele, sei stark und lege die Waffen des Lichtes an!

DIE KRÄFTE:
Und du, o Demut, wahre Arznei, schenk mir deine Hilfe. Denn der Stolz hat mich in schwerer Schuld zerbrochen, er schlug mir viele Wunden. Nun fliehe ich zu dir, so nimm mich auf!

DIE DEMUT:
Ihr Kräfte all, nehmt um der Wunden Christi willen den reuigen Sünder mit seinen Striemen auf und bringt ihn zu mir!

DIE KRÄFTE:
Wir wollen dich zurückgeleiten und dich nicht verlassen. Des Himmels ganze Heerschar freut sich über dich. So ziemt uns vereinter Jubelgesang.

DIE DEMUT:
Du armes Kind, ich will dich umfangen. Denn der große Arzt hat um deinetwillen tiefe und schmerzliche Wunden erlitten.

DIE KRÄFTE:
O lebendiger Quell, wie groß ist deine Güte! Das

Antlitz dieser (Sünder) hast du aus deiner Liebe nicht entlassen. Denn klar erkanntest du voraus, wie du dem Fall der Engel sie entreißen würdest, sie, die da glaubten, das zu erlangen, was so nicht bestehen darf. So freue dich, du Tochter Sion! Denn viele, die die Schlange dir entreißen wollten, gibt Gott dir zurück. Nun strahlen sie in hellerem Lichte, als sonst ihr Anteil wär gewesen.

DER TEUFEL:

Wer bist du? Und woher kommst du? Du hast mich umarmt, und ich habe dich in die Weite geführt. Nun aber machst du mich durch deine Umkehr zuschanden. Ich aber werde durch meinen Kampf dich stürzen.

DIE REUIGE SEELE:

Alle deine Wege sind schlecht, das habe ich erkannt und deshalb die Flucht ergriffen. Jetzt aber, Spötter, kämpfe ich gegen dich.

DIE SEELE:

So hilf du mir, Königin Demut, mit deiner heilenden Kraft!

DIE DEMUT ZUM SIEG:

O Sieg, du hast den Teufel im Himmel überwunden, eile mit deinen Streitern herbei, und ihr alle, legt ihn in Banden!

DER SIEG ZU DEN KRÄFTEN:

Ihr starken und ruhmreichen Kämpfer, kommt, helft mir diesen Betrüger besiegen!

DIE KRÄFTE:

O willkommene Kämpferin, du gleichest dem Sturzbach, der den gefräßigen Wolf verschlingt. Ruhmreich Gekrönte, freudig kämpfen wir mit dir gegen diesen Spötter hier.

DIE DEMUT:

So bindet ihn, ihr herrlichen Kräfte!

DIE KRÄFTE:

O unsere Königin, dir gehorchen wir, und deine Befehle erfüllen wir in allem.

IX

DER SIEG:

Freut euch, ihr Gefährten, denn die alte Schlange ist gebunden!

DIE KRÄFTE:

Lob sei dir, Christus, König der Engel!

DIE KEUSCHHEIT:

Im Herzen des Allerhöchsten habe ich dir, Satan, den Kopf zertreten und, als Gottes Sohn in die Welt kam, in der Jungfrau das liebliche Wunder mit Ehrfurcht umhegt. Daher bist du gestürzt mit deiner ganzen Beute. Und nun mögen sich freuen alle Himmelsbewohner, denn dein Leib ist zuschanden geworden.

DER TEUFEL:

Du kennst nicht, was du verehrst, denn dein Leib ist bar der schönen, vom Manne empfangenen Frucht. Daher übertrittst du das Gebot, das Gott gesetzt, da er die süßen Bande knüpfte. So weißt du nicht, was du bist.

DIE KEUSCHHEIT:

Wie könnte mich das berühren, was vom unzüchtigen Schmutz deiner Einflüsterung besudelt ward? Einen einzigen Mann habe ich hervorgebracht, der das Menschengeschlecht um sich schart zum Kampf wider dich – durch seine Geburt.

DIE KRÄFTE:

O Gott, wer bist du? In deinem Innern trugst du den großen Ratschluß, der das Höllengebräu vernichtet hat in Zöllern und Sündern, die nun im Glanz himmlischer Güte leuchten. Daher, o König, sei dir Lob!

DIE KRÄFTE:

Allmächtiger Vater, aus dir ergießt sich der Quell in feuriger Liebe. Führe deine Kinder auf den Wassern in günstigen Wind für die Segel! Dann können auch wir sie heimgeleiten in das himmlische Jerusalem.

[Epilog]

Am Anfang grünten alle Geschöpfe. In der Mitte (der Zeit) blühten die Blumen. Dann schwand die Lebenskraft dahin. Das sah der mannhafte Kämpfer (Christus) und sprach: „Ich weiß es, aber die goldene Zahl ist noch nicht voll. Du also, herrlicher Vater, blicke herab! Ich erleide Ermattung an meinem Leibe, und auch meine Kleinen werden schwach. Sei nun eingedenk, daß die Fülle, die im Anfang geschaffen, nicht hätte welken sollen. Damals trugest du in dir: daß dein Auge sich nimmer abwenden wolle, bis daß du meinen Leib erblicktest voll von Edelsteinen. Denn es ermattet mich, daß alle meine Glieder ins Gespött hineinstürzen. Vater, sieh, meine Wunden zeige ich dir!"

Und nun, ihr Menschenkinder alle, beugt die Knie vor eurem Vater, damit er euch seine Hand entgegenstrecke!

Literatur

R. Assunto, Die Theorie des Schönen im Mittelalter, Köln²1987

F. Bollnow, Wesen und Wandel der Tugenden, 1965

R. Cantalamessa, Das Leben in Christus, Graz u.a. 1990

Christliche Ikonographie in Stichworten (Hrg. Sachs, Badstüber, Neumann), München 1973

H. Denzinger, Enchiridion Symbolorum, hrg.v. P. Hünermann, Freiburg ³⁷1991

Hildegard von Bingen, Briefwechsel, übersetzt und erläutert von A. Führkötter, Salzburg 1965

dies., Liber Vitae Meritorum, Das Buch der Lebensverdienste, übersetzt und erläutert von H.Schipperges, Salzburg 1972

dies., Lieder, hrg. von P.Barth, I.Ritscher, J.Schmidt-Görg, Salzburg 1969

dies., Scivias, Wisse die Wege, Übersetzt und herausgegeben von W. Storch, Freiburg 1992

dies., Ordo virtutum. Spiel der Kräfte. Das Schauspiel vom Tanz der göttlichen Kräfte und der Sehnsucht des Menschen, hrsg. v. B. Konermann, Augsburg 1991.

J.P.Migne, Patrologia Latina (=PL), versch. Bände

F.J.Mone, Schauspiele des Mittelalters I.II, Karlsruhe 1864

W.v.d.Steinen, Homo Caelestis, Bern/München 1965

MÜNSTERSCHWARZACHER KLEINSCHRIFTEN
Schriften zum geistlichen Leben
ISSN 0171-6360

1	Grün, A., Gebet und Selbsterkenntnis	(1979) 56 S., DM 5,60
2	Doppelfeld, B., Der Weg zu seinem Zelt	(1979) 64 S., DM 6,40
3	Ruppert/Grün, Christus im Bruder	(1979) 56 S.,DM 5,60
4	Hugger, P., Meine Seele, preise den Herrn	(1979) 84 S., DM 8,40
5	Louf, A., Demut und Gehorsam	(1979) 55 S., DM 5,40
6	Grün, A., Der Umgang mit dem Bösen	(1980) 84 S., DM 8,40
7	Grün, A., Benedikt von Nursia	(1979) 60 S., DM 6,00
8	Hugger, P., Ein Psalmenlied, dem Herrn, Teil 1	(1980) 72 S., DM 7,80
9	Hugger, P., Ein Psalmenlied, dem Herrn, Teil 2	(1980) 80 S., DM 8,40
10	Hugger, P., Ein Psalmenlied, dem Herrn, Teil 3	(1980) 80 S., DM 8,40
11	Grün, A., Der Anspruch des Schweigens	(1980) 72 S., DM 7,40
12	Schellenberger, B., Einübung ins Spielen	(1980) 52 S., DM 5,40
13	Grün, A., Lebensmitte als geistliche Aufgabe	(1980) 60 S., DM 6,40
14	Doppelfeld, B., Höre – nimm an – erfülle	(1981) 68 S., DM 7,40
15	Friedmann, E., Mönche mitten in der Welt	(1981) 76 S., DM 7,80
16	Grün, A., Sehnsucht nach Gott	(1982) 64 S., DM 6,80
17	Ruppert/Grün, Bete und arbeite	(1982) 80 S., DM 8,40
18	Lafrance, J., Der Schrei des Gebetes	(1983) 64 S., DM 6,80
19	Grün, A., Einreden	(1983) 78 S., DM 8,40
20	Visseaux, R.-N., Beten nach dem Evangelium	(1983) 68 S., DM 7,40
21	Main, J., Meditieren mit den Vätern	(1983) 52 S., DM 5,60
22	Grün, A., Auf dem Wege	(1983) 72 S., DM 7,80
23	Grün, A., Fasten – Beten mit Leib und Seele	(1984) 76 S., DM 7,80
24	Kreppold, G., Heilige	(1984) 80 S., DM 8,40
25	Kreppold, G., Die Bibel als Heilungsbuch	(1985) 80 S., DM 8,40
26	Louf/Dufner, Geistliche Vaterschaft	(1984) 48 S., DM 5,40
27	Doppelfeld, B., Die Jünger sind wir	(1985) 68 S., DM 7,40
28	Schmidt, M.-W., Christus finden in den Menschen	(1985) 48 S., DM 5,40
29	Grün/Reepen, Heilendes Kirchenjahr	(1985) 88 S., DM 8,80
30	Durrwell, F.-X., Eucharistie - das österl. S.	(1985) 76 S., DM 7,80
31	Doppelfeld, B., Mission	(1985) 62 S., DM 6,80
32	Grün, A., Glauben als Umdeuten	(1986) 68 S., DM 7,40
33	Louf/Grün, In brüderl. Gemeinschaft leben	(1985) 52 S., DM 5,80
34	Bar, C. de, Du hast Menschen an m. Weg gest.	(1986) 56 S., DM 5,80
35	Kreppold, G., Kranke Bäume – Kranke Seelen	(1986) 80 S., DM 8,40
36	Grün, A., Einswerden	(1986) 80 S., DM 8,80
37	Community, B., Regel für einen neuen Bruder	(1986) 48 S., DM 5,40
38	Doppelfeld, B., Gemeinsam glauben	(1987) 60 S., DM 6,80
39	Grün, A., Dimensionen des Glaubens	(1987) 80 S., DM 8,80

Weitere Veröffentlichungen in dieser Reihe folgen.

Vier-Türme-Verlag, Abtei   Telefon 0 93 24/20-2 92
D-97359 Münsterschwarzach   Telefax 0 93 24/20-4 52